Hans-Georg Möller

Laozi (Lao-tse)

HERDER spektrum

Band 5080

Das Buch

„Die Dinge der Welt bestehen in Vielfalt;
sie alle kehren sich wieder ihrer Wurzel zu. –
Das nennt man Stille."

Die schwer zu durchdringenden, oftmals geheimnisvollen Sätze des *Daodejing* gelten als Inbegriff ostasiatischer Weisheit. Zwar ist der Autor dieses über 2000 Jahre alten Buches unbekannt, aber es gibt eine Vielzahl von Legenden um Laozi, den die daoistische Religion als hohe Gottheit verehrt. Doch auch über den religiösen Daoismus hinaus ist das Buch *Laozi* in ganz Ostasien und seit etwa zweihundert Jahren auch im Westen eines der meist gelesenen Bücher. Allein auf Deutsch sind über 100 Übersetzungen erschienen – mit zum Teil höchst verschiedenen Deutungen.

Hans-Georg Möller führt in die daoistische Geisteswelt ein und zeigt, wie man das *Daodejing* lesen kann, wenn man die Symbol- und Bilderwelt als Schlüssel versteht. Er erläutert zentrale Begriffe des Buches (z. B. *dao*, *ziran*, *wuwei*) und erschließt so dieses Hauptwerk des Daoismus in seiner philosophisch-existenziellen Vielfalt und Tiefe. Mit einer kommentierten Bibliographie.

Der Autor

Professor Dr. Hans-Georg Möller studierte Sinologie und Philosophie in Bonn und Shanghai und lehrt nun an der Brock University in Ontario, Kanada. Zahlreiche Veröffentlichungen zur chinesischen Philosophie, vor allem zum Daoismus, zuletzt „In der Mitte des Kreises. Daoistisches Denken". 1995 erschien seine Übersetzung der 1973 in Mawangdui gefundenen Seidenmanuskripte des *Daodejing*.

Hans-Georg Möller

Laozi (Lao-tse)

Meister der Spiritualität

HERDER

FREIBURG · BASEL · WIEN

Gedruckt auf umweltfreundlichem,
chlorfrei gebleichtem Papier.

Originalausgabe

www.herder.de
Satz: Dtp-Satzservice Peter Huber, Freiburg
Herstellung: fgb · freiburger graphische betriebe 2003
www.fgb.de
Umschlaggestaltung und Konzeption:
R·M·E München / Roland Eschlbeck, Liana Tuchel
Umschlagmotiv: Wang Liyong:
Die Verwandlungen des Laozi, Tusche und Farben auf Seide.
China, frühes 12. Jahrhundert
ISBN 3-451-05080-3

Inhalt

Vorwort

Als ich das Manuskript dieses Buches über *Laozi* praktisch schon abgeschlossen hatte, erschien in der *Frankfurter Allgemeinen Zeitung* eine Rezension zu einem anderen Buch über den Daoismus (*In der Mitte des Kreises*), das ich vor nun bald drei Jahren geschrieben habe. Die Rezensentin Wiebke Denecke stellte, unter anderem, ganz zu Recht fest, dass ich den „daoistischen Subjekten" in meiner damaligen Darstellung kaum Aufmerksamkeit gewidmet hätte und stattdessen immer wieder den Daoismus selbst hätte „denken" lassen. Ich fürchte, das wird in diesem Buch nicht besser!

Es ist nämlich – so glaube ich – nicht ganz einfach, den Laozi als „denkendes Subjekt" und somit auch in einem wörtlichen Sinne als „Meister der Spiritualität" zu beschreiben, da weder die Person Laozi historisch greifbar ist noch in einem engeren Sinne der Text, den man mit dem Namen Laozi verbindet. Der *Laozi* ist als Buch über viele Jahrhunderte hin gewachsen und deshalb weder einem oder mehreren *Autoren* noch überhaupt einer genau bestimmten *Zeit* zuzuschreiben. Und so ist das vorliegende Buch ein Versuch, den *Laozi* mit anderen Mitteln als konventionell historischen zu erfassen – und zwar nicht weil diese an sich „schlecht" wären, sondern weil sie in Bezug auf den *Laozi* gewissermaßen versanden. Es ist eben, *gerade historisch betrachtet,* kein Subjekt, das hier spricht, und der „Alte Meister" (das ist eine der möglichen Übersetzungen des Namens Laozi) entpuppt sich bald als ein leeres Pseudonym und – ganz daoistisch – als ein Name des Namenlosen. Insofern handelt auch diese Einführung zu Laozi wieder weniger von Subjekten und ihrer Zeit, sondern mehr von einem *Buch* und dessen *Philosophie.*

Das Buch *Laozi* eröffnet meiner Ansicht nach nicht den Zugang zu historischen Personen, aber sehr wohl den Zugang zu einer vergangenen Art von Text und zu einer vergangenen Art von „Denken“. Im ersten Abschnitt versuche ich zu beschreiben, was für ein Buch der *Laozi* ist und wie man ihn lesen kann. Und dabei habe ich den Einstieg in den *Laozi* und sein *unpersönliches* – und oft sogar „unmenschliches“ – Denken erneut zunächst über die Bilderwelt dieses Textes gesucht.

Was den *Laozi* für mich – und ich hoffe auch für andere – besonders interessant macht, ist die an seine imposante Bildlichkeit geknüpfte „andere“ Philosophie im Vergleich zur alteuropäischen. Deswegen habe ich einige Kapitel dieses Buches mit kurzen Vergleichen zu „westlichem“ Denken beschlossen. Diese Vergleiche sind aber nicht nur kontrastiv gemeint – es geht keineswegs darum, den *Laozi* einfach zu einer Art Fremdkörper im Vergleich mit westlichem Denken zu erklären. Der *Laozi* gewinnt durch seine Andersartigkeit zur westlichen Tradition vielmehr gerade eine überraschende Aktualität. Gerade aus seiner Differenz zur westlichen Tradition ergibt sich eine gewisse Nähe zu *nicht mehr traditionellem* westlichen Denken. Ich hoffe, dass das vorliegende Buch deutlich machen wird, dass der *Laozi* heute wieder als eine denkerische Herausforderung verstanden werden kann. Denn eine strikt „nicht-humanistische“, „nicht-moralistische“ und „nicht-kausale“ Philosophie wie die des *Laozi* kann – mit Friedrich Nietzsche gesprochen – auch als eine „große Befreiung“ von „großen Irrtümern“ gelten.

Cedar Bay, 25. April 2003

Editorische Notiz:

Die im vorliegenden Buch zitierten Textstellen aus dem *Laozi* sind meiner 1995 veröffentlichten Gesamtübersetzung (s. Literaturhinweis im Anhang) entnommen. Buchtitel sind kursiv gedruckt.

*

Ich danke Herrn Lukas Trabert vom Verlag Herder für die Mitarbeit an diesem Buch.

I. Wie Laozi lesen? – Und: Was heißt Dao?

Noch verborgener als das Verborgene.
Das Tor der vielen Feinheiten.

Der *Laozi* ist ein Buch, das seine Leser und Leserinnen sowohl zu faszinieren als auch zu irritieren vermag. Die einen fühlen sich von der „Dunkelheit" des Textes angezogen und inspiriert – für sie erscheint diese Dunkelheit als Tiefe, die den Reiz des Geheimnisvollen und Verborgenen birgt. Die anderen erfahren die Dunkelheit als Sperrigkeit – sie wissen nichts mit den oft schwer zu verstehenden Worten und Sätzen anzufangen und können dem Buch deshalb nichts wirklich Erhellendes entnehmen. Gerade das Verborgene interessiert sie nicht.

Die Dunkelheit des *Laozi* ist nicht zuletzt darauf zurückführbar, dass dieser Text sein Medium gewechselt hat: Wer den *Laozi* in die Hand nimmt, muss darauf gefasst sein, ihn nicht mit herkömmlichen Leseweisen erschließen zu können – denn das Buch ist, streng genommen, nicht zum Lesen geschrieben worden – und natürlich schon gar nicht mit Hinblick auf die Lesegewohnheiten von Menschen zu Beginn des 21. Jahrhunderts. Als eine wahrscheinlich über Jahrhunderte hin langsam angewachsene Sammlung von Sprüchen ist der *Laozi* eine spätere Niederschrift von zunächst mündlich weitergegebenen „Weisheitslehren", die ursprünglich weder zusammenhängend als Buch noch überhaupt zum Lesen im eigentlichen Sinne gedacht waren.[1]

Die ältesten Manuskripte auf Bambus und Seide, die bei Ausgrabungen zu Tage kamen, fanden sich in Gräbern. Sie waren den Verstorbenen mitgegeben worden, und zwar wohl nicht als Lektüre, sondern eher als Ausweis von Macht und Status, als Ausstattung mit Prestige für den Übergang ins Reich der Ahnen. Für solche Zwecke war der Text bisweilen aufgeschrieben worden, aber dieses Aufschreiben hatte vorwiegend rituelle Bedeutung, die Schrift war Bestandteil der Bestattung. Im altchinesischen *Leben* hingegen wurde der *Laozi* in der Zeit seiner Entstehung nicht als Buch gehandelt. Wir müssen vielmehr annehmen, dass er (oder genauer: die Sprüche, die dann in ihm zusammengefasst wurden) Menschen gelehrt wurde, die Zugang zu Bildung hatten – also in der Regel denen, die zur privilegierten Schicht der Herrschenden und Besitzenden gehörten – und von diesen *auswendig zu lernen* war. Die Weisheitssprüche des *Laozi*, darauf deuten ihre poetische Form, ihr Inhalt und der historische Hintergrund im alten China hin, wurden in der Zeit zwischen dem fünften und dritten Jahrhundert v. Chr. vorwiegend von Mund zu Mund an die gesellschaftliche Elite vermittelt als Anleitung zur Herrschaft im Staat, zur „Kultivierung" von Leib und Person, zur Einordnung in Welt und Natur.

Die Lehren des *Laozi*, daran kann kein Zweifel bestehen, gehörten zum Fundus der grundlegenden Orientierungsmuster, mit dem in der altchinesischen Gesellschaft die Mächtigen ihr Handeln und ihre Stellung in Kosmos und Staat zu verstehen und zu erklären suchten. Solche Lehren hatten die Funktion, das soziale Leben mit einem Sinn zu versehen. Sie bildeten ein Gerüst von Schemata, anhand derer man sich und die Welt nicht nur deuten, sondern vor allem auch das eigene Agieren strategisch ausrichten konnte. Texte wie der *Laozi* dokumentieren das Selbstverständnis der altchinesischen Welt, an ihnen lässt sich heute ablesen, wie damals und dort die Welt beschrieben wurde und was daraus für das Verhalten der Menschen abgeleitet wurde. Aber das heutige „Ablesen" dieser Texte ist eben nicht mehr dasselbe wie deren damaliges Einüben: Die heutige Situation und Gesellschaft ist ja eine ganz andere, und auch der *Laozi* ist, als Taschenbuch gedruckt und im Buchladen neben tausend anderen Büchern erhältlich, nicht mehr dasselbe wie die Sprüche, die ein angehendes Mitglied der Oberschicht vor über zwei Jahrtausenden im alten China hörte und sich zu merken bemühte.

Der *Laozi*, den man heute im Buchladen findet, ist daher nicht mehr in seinem Element; er ist eine Art Konserve, eine mumifizierte Transformation einer vor Jahrtausenden in einer aus europäischer Sicht entlegenen Gegend lebendigen Semantik, das heißt einer Sinnstruktur, innerhalb derer die Welt verstanden wurde und der entsprechend man sich verhielt. Das Netz von Bedeutungszusammenhängen, das ein Text wie der *Laozi* aufspannt, das Spielbrett, das er dem menschlichen Handeln bereitstellt, entspricht nicht dem Netz, in dem wir uns heute befinden, nicht dem Brett, auf dem man sich heute bewegt. So wie der *Laozi* im alten China eine Welt zu eröffnen vermochte und einen Zugang zu ihr ermöglichte (und, wie gesagt, nicht nur zur Welt der Lebenden, sondern auch zu der der Toten), so erscheint er heute als dunkel und verborgen.

Weil der *Laozi* nicht als Buch verfasst wurde und in einer anderen Gesellschaft als der heutigen entstand, kann er viele Erwartungen, mit denen man heutige Bücher liest, nicht erfüllen:

Der *Laozi* hat keinen fassbaren Autor. Es tritt mit diesem Text nicht gleichzeitig ein Schriftsteller auf, der seine Meinung zum Ausdruck bringt. Man wird enttäuscht werden, wenn man sich von diesem Text einen Einblick in einen originellen Kopf verspricht. Es gibt keine individuelle Stimme, die sich persönlich zu Wort meldet. Das „ich", das bisweilen im Text erscheint, ist nicht das eines Schriftstellers, der etwas mitteilen will, es ist vielmehr der Platzhalter für den potenziellen Leser, und das hieß eben: für den Hörer oder den Schüler der daoistischen Lehre. Mit dem „ich" soll sich dieser identifizieren, es bietet einen Einstieg, um sich die daoistische Semantik tatsächlich zu *Eigen* zu machen. Die Sprüche sind anonym und nicht an einen Sprecher gebunden. Sie präsentieren eine allgemeine Ordnung, nicht eine besondere Ansicht.

Es gibt auch kein wirklich systematisch verfolgtes Thema im *Laozi*. Als Spruchsammlung gibt der *Laozi* immer nur gewissermaßen bruchstückhaft und fragmentarisch Auskunft über die Lehre. Die „philosophischen Brocken" des *Laozi* folgen keinem stringenten Aufbau, es wird kein Problem analysiert, es wird keine Frage aufgeworfen und dann in logischen Schritten beantwortet, der Text lässt keine Ordnung, kein Ziel, keine Argumentationskette erkennen. Anders als etwa in den „Gesprächen des Konfuzius" *(Lunyu)* wird nicht in Dialogform, im Fragespiel zwischen Schüler und Meister, die Bedeutung bestimmter Normen und Werte erklärt. Es gibt keinen spezifisch festgelegten inhaltlichen Rahmen, keine detaillierte Verständigung darüber, wovon die Rede sein soll. Man merkt wohl, dass es sich um Sinnsprüche handelt, aber man weiß nicht so recht, um welchen Sinn es eigentlich geht.

Der *Laozi* ist kein Text, der zum Durchlesen geschrieben ist, kein Text mit einem echten Anfang und Ende. Natürlich beginnt diese Spruchsammlung, und sie hört auch wieder auf, aber sie schreitet dabei keinen bestimmten, vorkonzipierten Weg entlang, und die frühesten Manuskriptfunde bezeugen, dass dieselben Materialien auch in kürzeren Sammlungen und in ganz anderen Folgen aufgeschrieben wurden. Die Schrift- und insbesondere die heutige Buchform legen ein Leseverhalten nahe, das dem Text in den Jahrhunderten seiner Entstehung fremd war: Damals wurden die Sprüche vorwiegend gesprochen und nicht zwischen zwei Buchdeckeln eingefasst. Die heutige Schriftform zeigt den Text so, wie er schließlich einmal abgelegt wurde, aber nicht so, wie er zuvor gebraucht worden war.

Wie aber lässt sich dann der *Laozi* überhaupt lesen, wenn er ein Text ohne Autor, ohne klar formuliertes Thema und ohne Anfang und Ende ist, wenn er nicht als ein Text zum Lesen geschrieben wurde? Von seiner merkwürdigen Form her betrachtet kann der *Laozi,* will man ihn mit heutigen Texten vergleichen, vielleicht weniger mit linearen Textgattungen wie Büchern, Aufsätzen oder Reden verglichen werden, sondern *in mancher Hinsicht* besser mit nicht-linearen Texten wie dem so genannten „Hypertext" des Internets, indem dort ebenfalls kein individueller Autor spricht, indem es auch dort keinen Anfang und kein Ende gibt und indem er auch nicht auf die ausführliche Abhandlung eines bestimmten Themas fixiert ist.

Im Gegensatz zu linearen Texten, die sich einer geradlinigen Struktur entlang entfalten, ist der Hypertext unentwirrbar verschachtelt. Er ist auch gar nicht auf eine Entwirrung hin konzipiert – das Netz funktioniert als Netz, nicht als Faden. Das Netz des Hypertexts breitet eine Textmasse aus, an der überall eingestiegen werden kann und die nicht zu Ende gelesen werden kann. Das wäre ja selbst dann unmöglich, wenn man übermenschliche Lesefähigkeiten hätte, denn der Netz-Text steht nicht fest, sondern erneuert und vergrößert sich beständig, er hört eben nicht auf und fängt nicht an.

Der Hypertext des Netzes funktioniert als eine Art überdimensionales schwarzes Brett, an das ununterbrochen neue Mitteilungen geheftet werden, während andere verschwinden. In diesem Netz sammelt sich die Semantik unserer Gesellschaft, sie setzt sich dort ab, und durch die Teilnahme an der im Netz stattfindenden Kommunikation werden die Strukturen ausgebildet, die unsere Gesellschaft kennzeichnen. Die einzelnen „Seiten" dieses Hypertextes, die einzelnen Zettel am schwarzen Brett, haben fragmentarischen Charakter, es sind verstreute und oft verknappte Informationen, die wir aber verstehen, weil wir wissen, worum es geht, weil wir sie aus unserem Alltag her kennen und begreifen. Zudem wiederholt sich dasselbe ständig in geringer Variation: Zu jeder Art „Seite" gibt es massenhaft parallele. Es ist nicht nur eine Firma, eine Tageszeitung, ein Sportklub, eine Bank im Netz, sondern alle, und alle gleichen einander, sind aber doch im Detail unterschieden. Im Wirrwarr des Internets wird man dabei durch einen *link,* eine „Verbindung", von Seite zu Seite verwiesen, man findet mehr zum Selben, anderes zum Gleichen. Die *links* führen von Knoten zu Knoten im Netz des Hypertexts.

Die Knappheit vieler *websites* setzt Eingeweihtsein voraus. Der Hypertext tritt als eine ungeheure Sammlung von knappen Broschüren auf, die das, worum es geht, nicht noch lange und ausführlich erklären. Der Hypertext ist kein Buch und entfaltet kein Thema. Das oder die Themen werden als bekannt vorausgesetzt, der erfahrene *user* oder Benutzer des Hypertextes kennt sich aus und „surft" von Seite zu Seite, ohne jeweils über das fragliche Thema informiert werden zu müssen. Er oder sie ist von vornherein mit dem Thema vertraut und kennt es schon.

Gleich vielen *websites* im Netz spricht der *Laozi* anonym. In den unterschiedlichen Varianten des Gleichen, in den unzähligen

Zetteln am virtuellen schwarzen Brett vernimmt man keinen individuellen Ton, keinen persönlichen Autor. Die Mitteilungen gleichen sich, und der Verkünder bleibt verborgen, oder besser, er oder sie spielt keine Rolle. Es ist gleichgültig, wer gerade diesen Text eingespeist hat, wer gerade diese Seite neu bearbeitet hat. Im *Laozi* kommt es – wie bei vielen Mitteilungen im Internet – nicht darauf an, auf wen nun gerade diese bestimmte Fassung dieses bestimmten Kapitels zurückgeht. Dies ist ohnehin unerheblich für diese Art der Kommunikation und nach einer Zeit auch gar nicht mehr zu rekonstruieren.

Auch der *Laozi* ist unentwirrbar verschachtelt, aber ähnlich wie beim Hypertext ist eine Entwirrung überhaupt nicht angebracht. Der Text ist nicht irgendwann zu einem bestimmten Zeitpunkt von irgendjemand fertiggestellt worden. Es gibt keine authentische Urfassung, noch nicht einmal eine authentische Ordnung des Texts. Die Materialien sind zu unterschiedlichen Zeiten, in verschiedener Anordnung und in unterschiedlicher Form an das schwarze Brett des *Laozi* geheftet worden. Sie sind wieder und wieder umgedichtet und umgeschrieben und ausgestaltet und gekürzt worden, bis sie irgendwann in einer recht starren Form mumifiziert wurden. Aber diese spätere Epoche der Textgeschichte, in der der Text seine heutige Form erhielt, spiegelt den Text nicht so wider, wie er in den ersten Jahrhunderten seiner Entstehung gebraucht wurde. In dieser früheren Zeit funktionierte der *Laozi* eben eher als eine Art antiker Hypertext, als sich stets neu konstituierendes und anwachsendes (und wieder abnehmendes) Gebilde des Gleichen und Ähnlichen.

Wie viele verknappte Texte des Internets reden auch die Kapitel des *Laozi* immer wieder vom Selben, ohne dabei genau zu erklären, worüber eigentlich gesprochen wird. Auch in dieser Hinsicht ist der *Laozi* dem Hypertext vergleichbar. Der erfahrene *user* des *Laozi* wusste eben, was hier mitgeteilt werden sollte, er kannte zumindest das Thema, das deshalb keiner Erläuterung mehr bedurfte. Die Wiederholung von Schlagworten, von Fachausdrücken, die Ausprägung eines Jargons kennzeichnet einen Diskurs der Eingeweihten. Die Semantik des *Laozi* war denen vertraut, die in ihm „surften". Sie wurde nicht noch extra genannt, sondern einfach immer wieder gebraucht.

Die *links* oder die „Verbindungen" im *Laozi,* die den Sprung – nicht von *website* zu *website* –, sondern von Kapitel zu Kapitel, von Abschnitt zu Abschnitt, von Zeile zu Zeile ermöglichen, waren damals nun keine elektronischen Signale, sondern rhetorische. Die Brücken zwischen den Kapiteln und Abschnitten dieses „chaotischen" und ungeordneten Textes, die Schaltstellen, die den Text als Einheit zusammenhielten und formten, waren die immer wiederkehrenden Bilder und Symbole, die miteinander verwandten und aufeinander bezogenen Strategien und Handlungsmaximen, die immer gleichen sprachlichen Mittel und Wendungen. Die Vernetzung des *Laozi* zu einem Knäuel von Verweisungen geschah allein durch sprachliche, nicht durch technische Mittel. Jedes Kapitel verweist – vorwärts und rückwärts, hin und her – auf die anderen durch die Verwendung derselben oder ähnlicher Metaphern, durch die Wiederholung – in abgewandelter Form – der gleichen Anweisungen und durch die erneute Verwendung derselben Worte und Ausdrücke.

Der *Laozi* entpuppt sich bei genauerem Hinsehen als eine endlose Kette von rhetorischen Verknüpfungen, als ein Netzwerk von miteinander verwandtem Spruchgut, als eine Sammlung aufeinander bezogener Bilder und Handlungsanweisungen. Die Dunkelheit des Textes hellt sich auf, wenn man diesen Linien der Verkettung folgt und auf die Wiederholung des Selben achtet. Für sich genommen oder gar als Abhandlung gelesen, bleiben die einzelnen Kapitel tatsächlich hermetisch verschlossen. Aber wenn man den Text in der Weise eines Hypertexts liest und ihn als ein Konvolut zwar nicht linear gestaffelter, aber dennoch zusammenhängender Materialien begreift, dann lichtet sich die „Verborgenheit" und der *Laozi* öffnet sich als ein „Tor zu vielen Feinheiten".

Der *Laozi* kann von jedem einzelnen Kapitel ausgehend erschlossen – oder besser: „angegangen" werden. Im Folgenden will ich zu zeigen versuchen, wie man von einem beliebig ausgewählten Anfangspunkt aus Bezugslinien zu praktisch allen anderen Textstellen finden kann. Auf diese Weise wird die netzwerkartige Gestalt des Buches offenbar. Natürlich kann ich nicht alle Bezüge innerhalb des *Laozi* hier ansprechen. Dies würde einerseits kaum zu einem Ende führen und andererseits auch in ständige Wiederholungen münden. Denn es wird deutlich werden, dass der Grundstock an Bildern und Symbolen, an Strategien und Wirkungsweisen, die im *Laozi* zur Sprache kommen, ein recht begrenzter ist. Es sind immer wieder dieselben oder zumindest ähnliche Motive und Effekte – oder im Vokabular des Hypertexts: *links* – die den Leser von Kapitel zu Kapitel, von Vers zu Vers führen.

Als Ausgangsbasis für die folgende Wanderung durch den *Laozi* habe ich das 6. Kapitel ausgesucht. Es lautet so:

Der Geist des Tales stirbt nicht –
das heißt: verborgene Weiblichkeit.
Das Tor der verborgenen Weiblichkeit –
das heißt: Wurzel von Himmel und Erde.

Wie durchgängig!
Gleichsam anwesend.
Im Gebrauch unermüdlich.

Diese Verse gehören sicher zu den dunkleren des ohnehin dunklen *Laozi*, aber dies rührt eben daher, dass sie eine Vielzahl der „Grundbilder" des *Laozi* auf engem Raum und in wenigen Worten komprimieren, ohne irgendwelche weiteren Erläuterungen oder ausführende Erklärungen zu einem besseren und genaueren Verständnis hinzuzugeben. Satz für Satz und Wort für Wort können diese Bilder jedoch als *links* aufgefasst werden, die weit über das 6. Kapitel hinaus auf die gesamte Bilderwelt des *Laozi* verweisen und in diesem Kontext (oder Horizont) ihre Bedeutung erhalten.

Die erste Zeile des 6. Kapitels enthält in meiner Übersetzung sechs deutsche Worte, während sich im chinesischen Ausgangstext vier Schriftzeichen finden: *Tal-Geist nicht sterben* könnte eine wörtliche Übertragung lauten. Dieser äußerst knappe Spruch beginnt mit einem Bild – der „Geist des Tales" – und fügt diesem Bild dann noch eine Eigenschaft hinzu – die „Unsterblichkeit". Das bildhafte Element in dieser Konstellation ist hier das Tal – der „Geist" ist eben der „Geist", der dem Tal innewohnt und diesem Bild und dieser Konstellation zugehört, so ähnlich wie, wenn man diesen Vergleich einmal ziehen darf, der „Geist des Weines" eben zum Wein hinzugehört. Wenn ich dieses Bild auch als „Konstellation" bezeichne, so deshalb, weil, wie man sehen wird, das Bild, wenn man es durch den Text des *Laozi* hindurch verfolgt, sich als eine Struktur entpuppt, die in verschiedenen Formen auftaucht. Es wird sich zeigen, dass das „Tal" eine mögliche Konkretisierung unter mehreren Bildern ist, die dieselbe Struktur aufweisen.

Das Bild des Tales ist, wie gesagt, in der ersten Zeile des 6. Kapitels mit einer Eigenschaft verbunden. Diese Eigenschaft drückt einen Effekt aus, der dem Bild oder der Struktur des Tales zugesprochen oder zugeschrieben wird: Unvergänglichkeit. In dieser Zeile finden wir damit eine Verbindung, die sich als ganz typisch für die Konstruktion des *Laozi* erweisen wird: Bestimmte Bilder oder Strukturen werden verbunden mit einer gewissen Eigenschaft oder einem gewissen Effekt. Beides zusammen, Struktur *und* Effekt, können dann als eine Art Strategie oder wenigstens als eine Art Strategieanweisung aufgefasst werden: Verhalte dich gemäß einer solchen Struktur, richte eine solche Konstellation ein, und du wirst den entsprechenden Effekt, die entsprechende Eigenschaft hervorrufen können. Das Bild führt vor Augen, wie eine Handlung oder ein Verhalten gestaltet werden müssen, damit eine bestimmte Wirkung erzielt werden kann. Auf diese Weise sind in der ersten Zeile des 6. Kapitels im *Laozi* bereits die Grundelemente enthalten, die durch den gesamten Text geleiten: *Bilder* – und die damit verbundenen Konstellationen und Strukturen – werden mit Eigenschaften oder *Effekten* verbunden – und deren Beieinander lehrt eine *Strategie*.

Was ist nun das Bild des Tales für ein Bild, welche Struktur liegt ihm zugrunde, welche Konstellation stellt es dar? Indem man es als *link* versteht und so mit ihm nach anderen Varianten im *Laozi* sucht, zeigt sich sein Aufbau und seine Bedeutung, sein Sinn.

Das Tal findet auch im 15. Kapitel Erwähnung. Eine Passage dort lautet:

Wie roh! –
Gleich unbehauenem Holz.
Wie undurchdringlich! –
Gleich erd-trübem Wasser.
Wie weit! –
Gleich dem Tal.

Die Eigenschaft des Tales, die hier hervorgehoben wird und dieses Bild mit dem „unbehauenen Holz“ und dem „erd-trüben Wasser“ verbindet (die jeweiligen Ausdrücke für „Tal“, „unbehauenes Holz“ und „erd-trübes Wasser“ reimen sich im modernen und auch im antiken Chinesisch), ist die der Gestaltlosigkeit, wie Wang Bi (226–249), der berühmte Herausgeber und „klassische“ Kommentator des *Laozi,* in seinen Anmerkungen zu dieser Textstelle betont. Das Tal ist weit und ohne Inhalt – es selbst ist leer und „unfassbar“, ein bloßes Negativum. In dieser Negativität entspricht es dem „unbehauenen Holz“, das noch nicht gestaltet ist, dem noch keine Form gegeben wurde. Und weiterhin korrespondiert diese Negativität mit derjenigen des „erd-trüben Wassers“, das undurchsichtig ist und insofern ebenfalls ohne bestimmte, erkennbare Eigenschaft. Dieses Wasser ist noch in einem formlosen Urzustand. Das Bild des Tales gewinnt hier die Kontur der *Ungestaltetheit* im Zusammenhang mit anderen Bildern – die selbst wieder als *links* zu gleichartigen Bildern in anderen Kapiteln aufgefasst werden können und durch deren Verbindung man sogleich wieder eine neue Richtung beim Durchgang durch den Text einschlagen könnte.

Aber anstatt jetzt das „unbehauene Holz“ und das „erdtrübe Wasser“ weiterzuverfolgen, tasten wir uns lieber dem „Tal“ entlang weiter vor und stellen vorerst fest, dass es als Bild der

Negativität, der Leere, der Gestaltlosigkeit gebraucht wird. Beim Tal ist also offenbar zuerst an einen *Hohlraum* zu denken.

Im 28. Kapitel wird das Tal erneut erwähnt – und taucht, was nicht überraschen kann, erneut zusammen mit dem ihm inhaltlich entsprechenden und sprachlich auf es reimenden „unbehauenen Holz“ auf:

Sei der Welt Tal,
und die beständige Kraft genügt.
Wenn die beständige Kraft genügt,
kehrst du wieder zurück zum Zustand unbehauenen Holzes.

Das Tal wird hier mit einer „beständigen Kraft“ ausgestattet. Diese „Kraft“ (De) ist wohl diejenige, fruchtbar zu sein. Das Tal ist ein Ort der Fruchtbarkeit, und dabei ist diese Fruchtbarkeit eine „beständige“. Immer wieder aufs Neue, Jahr um Jahr bringt das Tal die in ihm angesiedelte Vegetation zum Wachstum. Denn das Tal ist ja ein Flusstal. Deswegen kann in Kapitel 41, wenn wieder von der „Kraft“ des Tales die Rede ist, übersetzt werden:

Die höhere Kraft gleicht dem Flusstal.

Und in Kapitel 39 wird wieder auf diejenige Eigenschaft des fruchtbaren Tales oder Flusstales verwiesen, die den Ausgangspunkt des bisherigen Streifzuges durch die Bildlichkeit des *Laozi* markierte – die Leere:

Die Flusstäler seien nicht schon gefüllt –
sonst werden sie sicher erschöpft.

Die Leere und Gestaltlosigkeit des Tales, das Tal als ein Hohlraum, hat somit offenbar gerade aufgrund dieser negativen Qualität die positive Eigenschaft, fruchtbar zu sein. Die nährende „Kraft“, die ihm der *Laozi* zuschreibt, entspringt gewissermaßen seiner eigenen Ungestaltetheit. Das selbst Ungestaltete lässt das

Gestalthabende seine jeweilige Gestalt annehmen. Und dabei, so bemerkt eben Kapitel 39, ist die Leere des Tales natürlich auch eine Versicherung dafür, dass das Tal nie in seiner Fruchtbarkeit „erschöpft“ wird – was schon leer ist, kann nicht geleert werden. Leere, Fruchtbarkeit und Dauerhaftigkeit gehören zusammen. Und gerade dieser Zusammenhang führt uns wieder direkt auf unseren Ausgangspunkt zurück. In Kapitel 6 hieß es doch: *Der Geist des Tales stirbt nicht*!

Vergegenwärtigt man sich die im *Laozi* ausgewiesene Gestalt des Tales – der in gewissem Sinne an sich gestaltlose, negative Hohlraum –, dann fällt es nicht weiter schwer, ähnliche Bilder zu finden, Bilder, die dieselben Eigenschaften hervorheben wie das Bild des Tales. Auch diese dem Bild des Tales verwandten Bilder können als weitere *links* verstanden werden, die das Netzwerk des *Laozi* zusammenhalten. Ein solches verwandtes Bild findet sich in Kapitel 5 – der Blasebalg:

Der Raum zwischen Himmel und Erde –
Gleicht er nicht einem Blasebalg:
Leer, aber unerschöpflich,
Je stärker bewegt, desto mehr kommt hervor.

Ganz wie das Tal ist auch der Blasebalg „leer, aber unerschöpflich“. Und genau wie das Tal ist die Leere des Blasebalgs offenbar Voraussetzung seiner Unerschöpflichkeit, denn Leere kann nicht verbraucht werden. Und dazu ist diese Unerschöpflichkeit, die der Leere entspringt, eine unerschöpfliche Fruchtbarkeit: aus ihr „kommt etwas hervor“.

Ganz analog zur fruchtbaren Leere des Tales und des Blasebalgs begegnen uns im elften Kapitel eine ganze Reihe von weiteren Bildern:

Dreißig Speichen sind vereint in einer Nabe. –
An ihren leeren Stellen liegt es,
dass Wagen zu gebrauchen sind.

Ton wird gebrannt, und es entsteht ein Krug daraus. –
An ihren leeren Stellen liegt es,
dass Krüge zu gebrauchen sind.
Türen und Fenster werden ausgemeißelt. –
An ihren leeren Stellen liegt es,
dass Zimmer zu gebrauchen sind.

Zum Bild des Tales und des Blasebalgs treten hier die Bilder des Rades, des Kruges und des Hauses hinzu. All diese Bilder wiederholen die an das Tal geknüpften Assoziationen: Auch die Nabe ist ein Hohlraum, der nicht abgenutzt wird und doch den dauerhaften Lauf des Rades und des Wagens ermöglicht. Auch der Krug funktioniert wie ein Tal: Eine leere Mitte macht den Krug zum Gefäß, sie kann alles Mögliche fassen und wird dabei doch nie verbraucht. Türen und Fenster machen das Haus benutzbar, ohne selbst abgenutzt zu werden. Auch diese Bilder verkörpern allesamt den „Geist des Tales", der nicht stirbt: Das Tal bringt unerschöpflich Leben hervor, die Leere des Blasebalgs und die der Nabe im Rad sind unermüdliche Zentren permanenter Bewegung, die Leere im Krug und die von Fenstern und Türen ist auch durch noch so häufigen Gebrauch nicht zu vermindern.

Das Bild des Tales in Kapitel 6 ist auf diese Weise zunächst ein direkter *link* zu anderen Textstellen, an denen dieses Bild wörtlich wieder auftaucht, aber es ist zugleich ein *link* zu Bildern, die ganz analog zu ihm funktionieren, zu Bildern wie den gerade besprochenen, denen genau dieselbe Struktur zugrunde liegt. Aufgrund dieser sich wiederholenden Struktur können alle diese Bilder wiederum als *links* verstanden werden, die den Leser (oder Hörer) zu abstrakteren Formulierungen derselben Konstellation führen. Am Schluss des elften Kapitels wird die Struktur aller dort aufgeführten Bilder (und damit natürlich auch implizit die des „Tales" und des „Blasebalgs") so zusammengefasst:

Also
hat man die Fülle für den Zweck,
und hat für den Gebrauch die Leere.

Alle genannten Bilder sind Bilder der Zweckmäßigkeit. Alle Bilder zeigen, wie etwas funktioniert. Dabei beruht die Zweckmäßigkeit des Geschehens jeweils auf der Kombination von Fülle und Leere – so wie beispielsweise die Fülle der Berge mit der Leere des dazwischen liegenden Tales kombiniert ist. Und bei allen genannten Bildern ist die unerschöpfliche Gebrauchsfähigkeit der Leerstellen (der Nabe im Rad, des Hohlraums im Blasebalg usw.) gerade die Voraussetzung dafür, dass im Bereich der Fülle der jeweilige Zweck bestens und dauerhaft erfüllt werden kann. Die Struktur, auf die uns die Bilder verweisen, ist also die des wirksamen Miteinanders von Fülle und Leere.

Somit verfügen wir jetzt, auf das Bild des Tales aufbauend, über einen *link* der dritten Stufe, der uns durch den *Laozi* führen kann: Neben anderen Erwähnungen des Tales und Erwähnungen von Bildern derselben Struktur können auch bloße Erwähnungen der diesen Bildern zu Grunde liegenden Struktur allein – also *ohne konkretes Bild* – als ein *link* gelten. Das Bild des Tales in Kapitel 6 verweist erstens auf andere Bilder des Tales im *Laozi,* es verweist zweitens auf Bilder, die ihm gleichen, und es verweist drittens auf Erwähnungen der Struktur, auf der alle diese Bilder aufgebaut sind. Mit Hinblick auf die Struktur des effektvollen Miteinanders von Leere und Fülle verweist das Bild des Tales auch auf Kapitel 40, wo nicht von konkreten Dingen oder Formen der Natur gesprochen wird, sondern abstrakter eben nur von Leere und Fülle allein.[2] Der Bereich oder der Aspekt der „Fülle“ in einem Geschehenszusammenhang (die Berghänge des Tales, die Speichen im Rad usw.) ist der Bereich, wo die „Dinge der Welt“ sprießen oder wo sich das Geschehen „abspielt“. Aber diese Fülle selbst ist auf die Leere inmitten der Fülle (das Tal als Hohlraum, die Nabe usw.) gegründet.

Man kann den Weg der Abstraktion, der vom Bild des Tales über analoge Bilder zu bestimmten Strukturen führt, noch weiter gehen und sogar noch *links* einer vierten Stufe ausmachen. Fülle und Leere sind ganz deutlich die beiden Strukturelemente, auf die die Bilder des Tales, des Blasebalgs usw. aufgebaut sind. Die Strukturelemente Fülle und Leere aber können nun nicht allein durch Bilder veranschaulicht werden, sondern auch in recht *abstrakten Symbolen* dargestellt werden. Solche abstrakten Symbole, die jeder unmittelbaren Bildlichkeit entbehren, sind im *Laozi* die *Zahlen*. Dies wird besonders in *Laozi* 42 deutlich, wenn dort die „zehntausend Dinge" aus „Einheit", „Zweiheit" und „Dreiheit" abgeleitet werden.[3] Auf diese Weise ist auch das 42. Kapitel nichts anderes als eine weitere Möglichkeit, den „Geist des Tales" zum Ausdruck zu bringen.

Im Durchgang durch Variationen und Abstraktionen vom Bild des Tales zeigte sich bereits deutlich, dass, wie schon eingangs bemerkt, die Bilder und Konstellationen stets mit ihnen entspringenden *Effekten* verbunden sind. Der Effekt des Tales ist, dass es Fruchtbarkeit hervorbringt, ohne dabei zu „sterben". Ebendieser Effekt, die unerschöpfliche Nutzbarkeit, wurde auch allen anderen dem Bild des Tales entsprechenden Bildern und Strukturen zugesprochen. Daraus lässt sich unmittelbar folgern, dass die Bilder und Strukturen nicht lediglich etwas abbilden sollen, sondern gewissermaßen etwas vormachen: Sie sind Wiederholungen der immer gleichen Strategieanweisung. Sie sagen: Richte ein Geschehen, eine Handlung nach dieser Struktur ein, verhalte dich der Konstellation dieser Strukturmomente entsprechend, und du wirst die entsprechenden Effekte hervorrufen können. Die Bilder sind allesamt Bilder der Erzeugung: Das Tal erzeugt Leben und das Rad Bewegung. Der Blasebalg schafft Energie, und das Haus und der Krug schaffen Raum, und zwar Raum zum Gebrauch. Die Bilder und Strukturen sind deshalb keine Bilder und Strukturen zum bloßen Anschauen, sie sind Aufforderungen, es ihnen nachzutun. Sie sind sozusagen eine Art *Gebrauchsanweisung*.

Die in den vier chinesischen Schriftzeichen der ersten Zeile des 6. Kapitels enthaltene Bildlichkeit hat sich somit als komplexe Strategieformel offenbart, die sich in vielfach abgewandelter und bisweilen stark abstrahierter Form durch das ganze „Buch“ *Laozi* hindurch immer wieder neu nachvollziehen lässt. Die Worte „Der Geist des Tales stirbt nicht“ gehören deshalb nicht allein an diese Stelle im 6. Kapitel, sie sind ein Mosaikstein, der, leicht variiert, an zahlreichen anderen Stellen des Texts wieder auftaucht und prinzipiell sogar an jeder beliebigen Stelle im Text hinzugefügt oder gedacht oder gesprochen werden kann, ohne dabei fehl am Platze zu wirken. Der Text ist auf eine Art und Weise zusammengesetzt, die es ermöglicht, die einzelnen Bausteine immer wieder und überall zu verwenden.

Bisher konnten ausgehend vom Bild des Tales an den verschiedensten Stellen im *Laozi* entsprechende Bilder und Strukturen ausgemacht werden, die ganz parallel die Strategieanweisung dieses Bildes wiederholen. Das Bild des Tales kann aber nicht nur als Ausgangspunkt zu vielen solchen *parallel* konstruierten Elementen im *Laozi* dienen, es kann darüber hinaus auch auf *verwandte* Bilder verweisen, es kann auch als ein *link* zu indirekt mit angesprochenen Bildern aufgefasst werden: Im Bild des Tales wird ein *Flusstal* evoziert, die Fruchtbarkeit des Tales beruht auf dem Wasser, das durch es fließt. Diese innere Verwandtschaft von Tal und Fluss verweist auf eine zweite Reihe von Bildern und Strukturen, die sich zum Teil mit dem Bild des Tales und seiner Struktur überdecken. Das Bild des Tales leitet über zum Bild des Wassers – oder genauer: zum Bilderspektrum der Gewässer.

Man muss nur auf ein Kapitel schauen, auf das uns das Bild des Tales ohnehin schon verwiesen hatte, und es stellt sich sogleich heraus, dass Tal und Wasser nicht nur in der Natur, sondern auch im *Laozi* unmittelbar aufeinander bezogen sind. In Kapitel 28 heißt es nämlich nicht nur „Sei der Welt Tal, und die beständige Kraft genügt“, sondern auch ganz analog:

Sei der Welt Flusslauf,
und die beständige Kraft verlässt dich nicht.

Die „beständige Kraft“, die dem Tal seine Fruchtbarkeit gibt, ist, wie gesagt, die des Flusslaufes darin, und somit sind Tal und Flusslauf gar nicht zu trennen. Wenn man sich so zur Welt verhalten soll wie ein Tal (und das bedeutet: nährend und wachsen lassend), dann heißt das eben auch, dass man sich wie ein „Flusslauf“ verhalten muss. Beide Bilder gehören ganz deutlich zusammen. Und beide Bilder können auch miteinander verkettet werden. Kapitel 66 beginnt:

Die Ströme und Meere vermögen,
hunderten von Flusstälern König zu sein,
weil sie die Güte haben, tiefer als jene zu liegen.
Gerade daher vermögen sie,
hunderten von Flusstälern König zu sein.

Die Flusstäler selbst werden von den großen Strömen und Meeren noch einmal über- (bzw. eigentlich: „unter-“) troffen, weil diese noch tiefer liegen als jene. Die Fruchtbarkeit des Wassers entspringt dem „Tiefen“ sie wirkt von unten nach oben. Und insofern ist das Meer gegenüber dem Flusstal nochmals privilegiert, es ist dem Flusstal gegenüber „König“. Von hier aus könnte man nun eine weite Reise durch den *Laozi* unternehmen und vom Tal ausgehend über den Flusslauf und das Meer hin alle diejenigen Bilder aufsuchen, die mit dem Wasser zusammenhängen: Man würde hier – neben seiner alles nährenden Güte (Kapitel 8) – immer wieder auf die nutzbringenden Effekte des „Tiefen“ stoßen (ebenda), auf das widerstandslose Fließen des Wassers (Kapitel 34) und auf seine Weichheit, die doch zugleich von äußerster Beständigkeit ist und das Harte bezwingt (Kapitel 78).

Doch wären wir damit nicht über diesen *link* des Wassers von unserem Ausgangspunkt, dem 6. Kapitel, endgültig abgekommen? Denn das Wasser taucht ja dort überhaupt nicht auf. Stimmt das wirklich? Ist das Bild des Wassers wirklich ein Abweg, der uns vom 6. Kapitel entfernt? Es wird sich, auch wenn man zum 6. Kapitel zurückkehrt, zeigen, dass sich nicht nur das

Bild des Tales und das des Wassers in seinen verschiedenen Formen überschneiden. Denn es wird sich herausstellen, dass auch die folgenden Bilder im 6. Kapitel eng mit dem Wasser verwandt sind und auf das Wasser verweisen. Die Bilder, Strukturen und Strategien des *Laozi* sind eben allesamt miteinander vernetzt, und somit hat auch das Wasser seine unausgesprochene, aber stets mitschwingende Bedeutung im 6. Kapitel. Sehen wir zu, wie es dort weitergeht. Nach „Der Geist des Tales stirbt nicht" lautet die 2. Zeile:

das heißt: verborgene Weiblichkeit

Was verbindet den „Geist des Tales" mit der „verborgenen Weiblichkeit" (und dem Wasser)? Eine Antwort auf diese doch recht offensichtliche Verbindung gibt Kapitel 61:

Ein großer Staat ist
ein unten liegendes Gewässer,
das Weibliche der Welt,
die Verbindung der Welt.

Die Gleichsetzung des Wassers mit dem Weiblichen beruht auf der mit beidem assoziierten Fruchtbarkeit, die gleichzeitig an eine Art Empfängnis gekoppelt ist. Das Wasser „wählt" den unteren Platz, es siedelt sich unten an, und je größer (und mächtiger) das Gewässer ist, desto tiefer liegt es: Dem tiefst liegenden Gewässer strömen alle höher liegenden zu. Indem das tiefste Gewässer alle anderen Gewässer gleichsam in sich aufzunehmen vermag, vermag es gleichzeitig, die größte Nährkraft zu spenden, es ist der wesentliche Umschlagplatz im Kreislauf der Erzeugung. Dem tief liegenden Gewässer fließt die Lebensenergie zu, aber es behält diese nicht für sich, sondern lässt sie dem Wachstum der „zehntausend Dinge" zugute kommen. Dieselbe zentrale Stellung im Kreislauf der Erzeugung wird offensichtlich auch dem „Weiblichen" zugeschrieben. So wie im Bereich der Pflanzenwelt das Wasser den Ort der Umkehr im Kreislauf der Erzeugung besetzt, so kommt im Kreislauf der Erzeugung bei Tieren und Menschen dem Weiblichen diese Funktion zu. Es nimmt die Leben erzeugende „Kraft“ des Männlichen in sich auf und bringt Leben hervor. Wasser und Weiblichkeit stellen die fruchtbare „Verbindung“, die Schaltstelle im Nehmen und Geben des Lebens dar.

Dieselbe Funktion, die das Weibliche und das Wasser im Bereich des Biologischen übernehmen, soll nun der „große Staat“ im politischen Organismus ausfüllen. Er soll die Ressourcen „zusammenführen“, wie es weiter unten im selben Kapitel heißt, und kann damit, wie weiter ausgeführt wird, dann eben „die Menschheit nähren“. Der Kreislauf der natürlichen Erzeugung, die fruchtbare Umkehr von Geben und Nehmen ist direktes Vorbild für die Ordnung im Feld des Politischen. Dieselbe „Verbindung“, die das Wasser in der Flora herstellt, stellt das Weibliche in der Fauna her und der „große Staat“ oder der ideale Herrscher im Staat. Diese Verbindung ist die „Wende“, die den Kreislauf der Erzeugung ausmacht – und sie ist, wie es in Kapitel 40 heißt, nichts anderes als die Bewegung des Dao.

Die Struktur der Weiblichkeit kann durch die Analogie zum Wasser dementsprechend verstanden werden als Umschlagplatz, als Wendepunkt zwischen Empfängnis und Geburt, zwischen Aufnahme von „Lebensenergie“ und Ernährung des Lebendigen. (Diese Struktur verweist wiederum als ein *link* auf das Bild der „Mutter“, siehe z. B. *Laozi* 52) Die Struktur – und natürlich der Platz – des Weiblichen korrespondiert, wie gezeigt wurde, mit der Eigenschaft des „Tief-Liegens“, aber sie entspricht auch dem „Geist des Tales“, der ebenfalls ein Geist der Fruchtbarkeit ist. Und die Dauer und Permanenz, die der Struktur des Tales zugesprochen werden, sind gleichfalls auf die Struktur des Weiblichen zu übertragen. Wie Leere und Fülle im Tal ein endloses Geschehen ermöglichen, so ermöglicht die Struktur der Weiblichkeit – das Energie aufnehmende Tiefe, das als Wendepunkt im Energiekreislauf wiederum das Höhere nährt – einen endlosen Fortgang der Erzeugung. Auch hier wird also wieder eine Struktur durch eine Verknüpfung mit bestimmten Eigenschaften zur Strategie ausgebaut. Während die Struktur des Tales die Elemente Leere und Fülle verbindet, verbindet die Struktur der Weiblichkeit Tiefe und Höhe. In der zweiten Zeile des 6. Kapitels wird dabei der Struktur des Weiblichen eine weitere Eigenschaft zugesprochen: die Verborgenheit.

Die Verborgenheit leitet uns wiederum über zu Kapitel 51:

Hervorbringen, ohne zu besitzen:
Handeln, ohne abhängig zu sein:
Wachsen lassen, und nicht befehlen.
Das heißt: „Verborgene Kraft".

Die Verborgenheit ist offenbar als Eigenschaft des Weiblichen auch eine Eigenschaft der „hervorbringenden Kraft". Die Erzeugung, die Wende von Empfängnis zu Geburt geschieht „im Verborgenen", im Dunklen, im Unsichtbaren – und damit verbunden: im Formlosen. Dort, wo etwas nicht mehr und noch nicht gestaltet ist, ist es eben „verborgen", „formlos", „dunkel". Als verborgener Umschlagpunkt lässt die Weiblichkeit wachsen, ohne sich selbst im Wachstum oder im Wachsenden zu zeigen. Das Wasser nährt die Pflanze, wird aber nicht in der Pflanze sichtbar, es bleibt im Wachstumsprozess verborgen. Der Ort des Umschlags selbst ist nicht konturiert, er bringt die konturierten Dinge und Wesen hervor, besitzt aber nichts und behält nichts für sich, noch nicht einmal ein bestimmtes Aussehen. Die Kraft der Erzeugung wirkt aus dem Verborgenen heraus – und auch dies gilt wieder im gleichen Maße für die Kräfte in der Natur und im Staat. Auch ein Herrscher wird sich die Strategie der Produktivität aus der Verborgenheit heraus zu Eigen machen.

Im 6. Kapitel geht es dann weiter:

Das Tor der verborgenen Weiblichkeit –

Hier taucht ein neues Bild aus: das Bild des Tors. Dieses Bild verweist sofort wieder auf das Bild des Tales zurück. Auch es beruht auf der Fülle, die eine Leere umgibt, aus der wiederum die Nutzbarkeit der gesamten Gestalt herrührt. Das Bild des Tales hatte uns ja auch bereits zum Bild von „Fenstern und Türen“ in Kapitel 11 geführt. Die Tür und das Tor sind selbstverständlich ganz ähnlich konstruiert. Im Zusammenhang mit der zuvor erwähnten Bildlichkeit wird aber die Bedeutung der bloßen Nutzbarkeit – wie bei Fenstern und Türen – hier noch um die Assoziationen der Fruchtbarkeit und der Erzeugung von Leben erweitert. Der Empfängnis- und Geburtsprozess, den das Weibliche buchstäblich verkörpert, geschieht durch ein „Tor“ hindurch. Damit sind nun die Bilder des Tales und der Weiblichkeit im Bild des Tors gewissermaßen vereint. Das Bild des Tors vereinigt die Strukturen Leere/Fülle und Höhe/Tiefe. Als „Tor der verborgenen Weiblichkeit“ ist das Tor hier ein Tor der Empfängnis und der Geburt. Deshalb ist es der Struktur nach nicht allein Leere inmitten von Fülle, sondern stellt ebenso die Schnittstelle zwischen aufnehmend-hervorbringender Tiefe und hervorgebrachter Höhe dar. Das Tor als Schnittstelle der Erzeugung, als Symbol, das dem Weiblichen entspricht, verweist uns auch auf Kapitel 10:

Wenn das Himmelstor sich öffnet und schließt,
kannst du dabei das Weibliche sein?

Das „Himmelstor“ ist hier ganz eindeutig nicht das christliche Tor zum ewigen Jenseits, sondern vielmehr das Tor der *Natur* im wörtlichen Sinne: das Tor der *Geburt* inmitten der Welt, inmitten des Kreislaufs von Empfängnis und „Hervorbringen“. Das chinesische Wort für „Himmel“ *(tian)* wird deshalb auch bisweilen mit „Natur“ übersetzt. Der Himmel ist hier nicht etwas *Trans*zendentes, nicht etwas, das *über* oder *hinter* der Welt liegt, sondern eben das zur Welt gehörige und die Welt ausmachende Geschehen: Der Himmel ist der Lauf der Gestirne und der Lauf der Jahreszeiten, der Kreislauf des Werdens und Vergehens, der das Leben ordnet und den das Leben geht. Im natürlichen Prozess des Werdens und Vergehens, im natürlichen Prozess des „Himmels“, der die Jahreszeiten gestaltet, geht es darum, die Position des „Tors“ selbst zu besetzen, jene Leerstelle, jenen Ort des Weiblichen, der inmitten des Öffnens und Schließens liegt, inmitten des Empfangens und Gebärens, inmitten des Nehmens und Gebens, inmitten des Kommens und Gehens des Lebens. Wieder kommen hier die Bilder von Leere und Fülle, von Empfangen und Spenden, von Tor und Weiblichkeit zusammen.

Über „das Tor der verborgenen Weiblichkeit“ wird nun, wenn wir uns wieder zum 6. Kapitel zurückwenden, noch das Folgende gesagt:

das heißt: Wurzel von Himmel und Erde.

Wieder wird ein neues Bild (bzw. genauer: zwei Bilder) zur Erklärung der vorangegangenen Bilder herangezogen. Und wieder kann dieses Bild (bzw. diese Bilder) zugleich als ein *link* aufgefasst werden, der uns zu anderen Textstellen führt. Dieses neue Bild ist – zunächst – das der „Wurzel“ (wobei sich das Wort für „Wurzel“ mit dem für „Tor“ aus der vorangegangenen Zeile reimt). In Kapitel 16 liest man über die Wurzel:

Die Dinge der Welt bestehen in Vielfalt;
sie alle kehren sich wieder ihrer Wurzel zu. –
Das nennt man Stille.

Die Wurzel ist offenbar jener ungeformte, nicht sichtbar an die Oberfläche tretende Ort oder Teil der Pflanze, zu dem die Dinge, die aus der Wurzel wachsen, sich hinwenden. Die Dinge kehren sich (im Herbst und Winter) der dunklen Wurzel zu, nur um dann (im Frühjahr und im Sommer) wieder neu und aus ihr heraus Gestalt anzunehmen. Ganz deutlich fasst die Wurzel noch einmal alle bereits erwähnten Bilder zusammen: Die Wurzel liegt *unten* als zugleich *empfangende und gebärende Kraft inmitten des Wachstumsgeschehens*, das durch sie zu einem *nicht sterbenden* wird, auch wenn die einzelnen Elemente des Geschehens (vor allem: die Pflanze, die im Herbst verwelkt) nicht dauerhaft sind. Die Wurzel stellt den Umkehr- oder *Wendepunkt* dar, der selbst *verborgen* ist und *nicht selbst in Vielfalt* besteht, sondern vielmehr die *Vielfalt hervorbringt und nährt*. Die Wurzel ist die *unsichtbare* und deshalb *gestaltlose „Leere"*, die doch *die Fülle des sichtbaren Wachstums trägt*. Dabei ist die Wurzel *still* und *unbewegt*, sie *ändert sich selbst nicht und bleibt immer dieselbe*, aber ist dennoch nichts anderes als *das Zentrum eines sich stets ändernden Prozesses: eines permanenten Werdens und Vergehens*.

Die Wurzel ist, wie es heißt, die „Wurzel von Himmel und Erde". Das erinnert sofort wieder an das „Himmelstor" aus Kapitel 10, worauf uns schon die vorangegangene Zeile im 6. Kapitel verwiesen hatte. Die Wurzel und das Tor sind das Weibliche inmitten des „himmlischen" oder „natürlichen" Öffnens und Schließens, der Durchgang, durch den Empfangen und Gebären treten und in dem sie sich ineinander verwandeln und verkehren. In der dunklen und verborgenen Wurzel wandelt sich die alte Pflanze zur neu hervorsprießenden. Sie ist das Tor, die Schnittstelle zwischen Abschluss und Öffnung.

Die „Wurzel von Himmel und Erde" knüpft, wie das Tor, zudem wieder an das Bild des Tales an. Das Bild des Tales steht, wie sich gezeigt hat, in direkter Verbindung mit dem „Blasebalg" im vorangehenden 5. Kapitel. Von diesem aber wurde ja gesagt, dass er dem „Raum zwischen Himmel und Erde" entspreche und unerschöpflich hervorbringend sei. Die Wurzel von Himmel und Erde ist ein anderes Bild des „Himmelstors", jener Leerstelle im Prozess der kontinuierlichen Erzeugung, aus der alles hervortritt.

Die in Kapitel 6 folgenden und das Kapitel abschließenden Ausrufe malen diese Bilder weiter aus und bilden zudem weitere Brücken zu anderen Textstellen im *Laozi*. Die Schlusszeilen lauten:

Wie durchgängig!
    Gleichsam anwesend.
        Im Gebrauch unermüdlich.

Noch einmal werden hier die Eigenschaften aller angesprochenen Bilder vertieft, und noch einmal werden *links* zu weiteren Parallelstellen angeboten. „Durchgängig“ sind das Tal, das Tor, die Wurzel, und dadurch ermöglichen sie eben – durch den Durchgang durch sie – ein durchgängiges, andauerndes Geschehen. Dabei sind Wurzel und Leerstellen zwar verborgen und unsichtbar, aber doch „gleichsam anwesend“: Es sind nicht Leerstellen der Abwesenheit, es fehlt nichts an ihnen. Obwohl nichts da ist, wo sie sind, sind sie doch selbst nicht einfach „weg“ oder verschwunden. Der Durchgangsort, der die Durchgängigkeit des Geschehens ermöglicht, ist als Leerstelle, als Nicht-Präsenz doch zugleich „anwesend“. Eine Verbindung tut sich dabei auf zu Kapitel 4, wo es vom Dao heißt:

Wie tiefgründig!
Gleichsam auch anwesend.

„Tiefgründig“ ist die Wurzel: Sie gründet in der Tiefe und in der Verborgenheit. Und trotz dieser Verborgenheit und Tiefe und Unsichtbarkeit ist sie eben doch „anwesend“. Ihre Anwesenheit ist gerade eine Anwesenheit in der Tiefe. Und es ist ebendiese Tiefe oder Verborgenheit der Wurzel (genauso wie die Leere von Blasebalg, Radnabe und Türen und Fenstern), die eine Unermüdlichkeit im Gebrauch garantieren. Das Verborgene kann nicht abgenutzt werden, genauso wenig wie das Leere verschlissen werden kann. Und auch das verweist wieder auf das vierte Kapitel:

Das Dao ist leer
Und auch gebraucht wird es nicht voll.

Ideal strukturierte Gebilde wie der Blasebalg oder die Nabe werden im Gebrauch nicht voll, sie ändern sich nicht und sind immer wieder und kontinuierlich gleich gebrauchsfähig. Der Durchgang und die Mitte im Prozess des Empfangens und Gebärens bleiben hohl, und auch die Wurzel bleibt unter der Erde.

So bewahren sie ihre Fruchtbarkeit, ihre Durchlässigkeit für den Kreislauf von Werden und Vergehen.

Der Durchgang durch das 6. Kapitel zeigt, wie man *Laozi* lesen kann: Während das 6. Kapitel für sich allein genommen als eine zunehmende Verdichtung oder auch Erweiterung eines Bildes verstanden werden kann, wurde durch jedes Bild ein Zugang zu anderen Textstellen möglich. Die einzelnen Teile des *Laozi* sind eine Verkettung von solchen Bildern, die in leichter Variation aneinander anschließen. Diese Anschlussstellen liegen oft unmittelbar nebeneinander, aber man kann über sie auch praktisch jedes beliebige Kapitel mit jedem beliebigen anderen in Verbindung bringen. Die einzelnen Kapitel sagen also nicht unbedingt immer wieder etwas Neues, sie bieten vielmehr oft nur einen nochmaligen Blick, eine nochmalige Perspektive auf ein woanders schon einmal verwendetes Bild. Man muss dabei nicht unbedingt ein einzelnes Bild als „das“ Hauptbild des Daoismus schlechthin verstehen, vielmehr bieten sich viele Bilder als „Einstieg“ in den *Laozi* an. Es gibt insofern nicht einen bestimmten Anfang des Textes. Man kann eigentlich überall anfangen. Wichtig ist es jedoch, im Verlauf der Lektüre den Zusammenhang der verschiedenen Bilder wahrzunehmen und zu verstehen, wie sie einander unterstützen, ergänzen und erläutern. Bilder im *Laozi,* die heutigen Lesern und Leserinnen zuerst vielleicht als „noch verborgener als das Verborgene“ erscheinen mögen, können auf diese Weise zum „Tor der vielen Feinheiten“ werden.

Die Bilder, denen man während der Lektüre begegnet, haben sich in der Regel als Bilder – manchmal in abstrahierter Form bis hin zur Symbolik von Ziffern – gewisser *Strukturen* (Leere/Fülle, Tiefe/Höhe) erwiesen, und zwar genauer als Bilder von Strukturen, die mit bestimmten *Eigenschaften* (dauerhaft, verborgen, fruchtbar usw.) verbunden wurden. In der Verbindung der Strukturen mit ihren Eigenschaften zeigt sich der *strategische* Charakter der Bilder: Sie wurden als Anleitungen und Beispiele zur Gestaltung eines perfekten und effektiven Geschehens oder Verhaltens entworfen.

Bei dem Durchgang durch das 6. Kapitel und den Ausblicken auf andere Kapitel, auf die uns das 6. Kapitel verwies, hat sich somit nicht allein die Frage beantworten lassen, wie man *Laozi* lesen kann, sondern es wurde im Grunde auch zugleich eine andere wesentliche Frage beantwortet, die in der Überschrift dieses Abschnitts aufgeworfen wurde: „Was heißt Dao?" Wenn gefragt wird, was das Dao ist, so kann mit Kapitel 6 und den genannten Verweisungen auf den gesamten Text des *Laozi* geantwortet werden: Ebenjenes perfekte Geschehen, jener beständige Lauf der Dinge und ebenjene effektive Verhaltensweise, die den Strukturen der Bilder im *Laozi* gemäß aufgebaut ist, ihre Eigenschaften hat und ihre Strategien verwirklicht.

„Dao" (was wörtlich „Weg" bedeutet) ist damit einmal der „Name" für den permanenten und reibungslos vor sich gehenden Vorgang – eben für den *Weg* – der Empfängnis und Geburt in der Natur. Und man hat gesehen, dass dabei die Natur keinesfalls allein die menschliche ist, ja noch nicht einmal allein die der organischen Stoffe oder Dinge im biochemischen Sinne, denn alles zwischen „Himmel und Erde" wird ja als dem Kreislauf des Entstehens und Vergehens zugehörig betrachtet. Das Dao ist damit aber zugleich auch der Name für die optimale Ordnung der menschlichen Gesellschaft und des menschlichen oder sozialen Verhaltens. Die politische Welt wird gleichfalls als eine Ebene des Geschehens „zwischen Himmel und Erde" verstanden. Und insofern sind die Illustrationen des strategischen Handelns im *Laozi* gerade in der Frühzeit des Daoismus auch primär als Illustrationen politischer Ordnung verstanden worden. Wir sahen zum Beispiel im Verweis auf Kapitel 61, dass das Modell der Weiblichkeit oder des Wassers eben durchaus praktisch als das Modell zur Gestaltung der Politik, als Modell zur Gestaltung des Staatslebens aufgefasst werden sollte. Historisch betrachtet waren die Sprüche des *Laozi* wahrscheinlich zuerst mündliches Lehrmaterial für Angehörige der Oberschicht.

Das Dao bezeichnet also eine perfekte und permanente Geschehensstruktur mit ihren optimalen Eigenschaften, die von einer effektiven Strategie zur Geltung gebracht werden wird.

Aber heißt es nicht auch im *Laozi,* dass das Dao „stets namenlos" (Kapitel 32) ist? Kann es ein Name sein für etwas, das gar keinen Namen hat? Man hat gesehen, dass die Bilder des Dao, die uns bisher begegneten – das Bild des Tales, das des Blasebalgs, das des Rades, das des Tores, das der Wurzel, das des Wassers, das der Weiblichkeit usw. –, jeweils entweder etwas Unbestimmtes, eine Leere buchstäblich in ihrem Zentrum hatten oder dass ihre Haupteigenschaft zumindest die der „Verborgenheit" oder „Formlosigkeit" war. Insofern zeugen alle Bilder des Daos von der Eigenschaft der Eigenschaftslosigkeit des zentralen Elements im optimalen Geschehen. Und in dieser Hinsicht, indem das Dao sozusagen mit seinem Kern identifiziert wird, ist das Dao eben schlechthin unbestimmt und unbestimmbar: Das Dao des Blasebalgs ist gerade in dessen Leere verankert, genau wie das Dao des Tales, des Rades usw. Und das Dao der Wurzel beruht auf deren Verborgenheit, genauso wie das Wasser durch seine Formlosigkeit „sein" Dao zur Geltung bringt. Insofern ist das eigentliche Hauptelement eines dem Dao entsprechend gestalteten Geschehens stets unsagbar und unfassbar.

Wenn es über das Dao gleich zu Beginn des ersten Kapitels heißt:

Ein Dao –
kann es als Dao bestimmt werden,
ist es kein stetiges Dao

so kann dies so verstanden werden, dass die Stetigkeit des perfekt gestalteten Prozesses eben darauf beruht, dass dieser Prozess in einer „Leere", „Gestaltlosigkeit" oder „Formlosigkeit" *verwurzelt* ist (um nochmals in der Bildlichkeit des *Laozi* zu sprechen) – und nicht in einer positiv benennbaren oder erkennbar hervortretenden *Bestimmung*. Die Wirksamkeit des Dao ist gerade an *nichts Bestimmtem* festzumachen. Die Bildlichkeit des *Laozi,* die einen Weg durch den Text weisen kann (der aber, wie gesagt, nun wiederum kein *bestimmter* Weg ist), entpuppt sich somit als eine solche, die immer wieder eigentlich Unsichtbares zeigt. Es ist genau das Unsichtbare und Gestaltlose, dem die höchste Wirkkraft und die perfekte Gestaltung entspringt.

Und doch ist diese leere, unbestimmte „Wurzel“ allen Geschehens zugleich Grundlage alles Bestimmten. Dies ist der zweite Aspekt der Unbestimmtheit des Dao: Verwurzelt in Unbestimmtheit wird alles Bestimmte zu einem harmonischen Geschehen vereint. In dieses Geschehen ist dann alles Bestimmte eingegliedert, und als Ganzes ist deshalb das Geschehen wiederum unbestimmbar, nicht auf nur einen Teil des Geschehens festzulegen. Das Dao ist also einerseits, insofern es den gesamten Lauf des Geschehens umfasst, unbestimmbar, weil es alles Bestimmte beinhaltet und daher nicht mit nur einer Bestimmung benannt werden kann. Aber andererseits ist es unbestimmbar, weil die Einheit alles Bestimmten abhängt von der leeren, unbestimmten Geschehensmitte, von der verborgenen Wurzel, von der Leerheit des Tales. Das Dao ist der beständige Lauf aller Dinge, der zugleich in einem „Unding“ verwurzelt ist. Dies ist die Doppelbedeutung des Dao: Es ist zugleich *alles* – das ganze Geschehen – und *nichts* – die leere, verborgene Mitte, um die das Geschehen stetig kreist.

II. Fruchtbarkeit, Sexualität und Erotik

Das Dao als ein Weg des Werdens und Vergehens ist ein Weg der permanenten Erzeugung, ein Weg der dauerhaften Fruchtbarkeit. Indem das Dao ein solcher Prozess, ein solches Geschehen der Erzeugung ist, kommt ihm natürlich auch eine sexuelle Bedeutung zu. Und dementsprechend sind im *Laozi* eine ganze Reihe von Bildern entweder direkt oder indirekt auf die Sexualität bezogen. Die bereits mehrfach erwähnten Bilder der Weiblichkeit und der Mutter stehen beide in einem unmittelbaren Zusammenhang mit der Sexualität und der Fortpflanzung. Dieser unmittelbare Zusammenhang ergibt sich im wirklichen Leben bekanntlich durch die Verbindung des Weiblichen oder der Mutter mit einem „Gegenstück“, dem Männlichen oder dem Vater. Die Fruchtbarkeit entsteht im Zusammenwirken der Geschlechter, allein kann die Mutter biologisch nicht zur Mutter werden, und der Vater nicht zum Vater. Dies wussten selbstverständlich auch die Daoisten. Deswegen beginnt das 28. Kapitel im *Laozi* folgendermaßen:

Kenne ihr Männliches und bewahre ihr Weibliches –
sei der Welt Flusslauf.

Der „Flusslauf“ der Welt, also ihr erzeugender und nährender Grund, teilt sich sozusagen in zwei. Das fruchtbare Hervorbringen neuen Lebens ereignet sich durch die Zweiteilung der Geschlechter. Wenn man verstehen will, wie der beständige Prozess der Erzeugung vor sich geht, muss man um die geschlechtliche Unterscheidung wissen. Die Einheit des Werdens und Vergehens, das unaufhörlich sich erneuernde Wachstum, ist dual strukturiert. Der Anfang des 28. Kapitels bringt eben dies zum Ausdruck: Fruchtbarkeit und Fortpflanzung geschehen auf der Basis der Differenz der Geschlechter. Darüber muss derjenige, der über die Welt, deren Bestand und deren Erhaltung Bescheid wissen will, aufgeklärt sein.

Das Männliche und das Weibliche kommen zusammen, wenn etwas erzeugt wird. Damit sie zusammenkommen können, müssen sie verschieden sein. Das Männliche und das Weibliche sind zwei entgegengesetzte, aber sich gerade deshalb komplementär er*gänze*nde Aspekte. Die geschlechtliche Unterscheidung manifestiert sich in unterschiedlichen und zugleich zusammengehörigen Eigenschaften. In Kapitel 61 liest man dazu das Folgende:

Das Weibliche überwindet das Männliche
stets durch Ruhe.
Weil es ruht,
deshalb gebührt es ihm, unten zu liegen.

Offenbar geht es hier um Sexuelles. In der sexuellen Vereinigung – jedenfalls in daoistischer Deutung – kommen Ruhe und Bewegung zusammen: männliche Geschlechtlichkeit vollzieht sich als Bewegung, weibliche durch Ruhe. Mit dieser Unterscheidung geht eine Unterscheidung der Position einher: Der dem Weiblichen gebührende Platz ist der untere, der dem Männlichen angemessene ist der obere. Aber dies bedeutet natürlich im daoistischen Kontext, dass das Weibliche den *mächtigeren* Platz besetzt, denn das „unten Liegende" ist ja gerade das herrschende Element. Insofern „überwindet" das Weibliche auch und gerade im Vollzug der Sexualität das Männliche. Das Männliche verausgabt sich in diesem Akt und gibt seine Energie an das Weibliche ab. Das Weibliche verharrt und „handelt, ohne zu handeln", wie es die bekannte daoistische Maxime des *wu wei* verlangt; es nimmt die Energie des Männlichen in sich auf und wird selbst zum Ort der Fruchtbarkeit, der Leben hervorbringt.

Nicht umsonst bemühen sich daher spätere daoistische (männliche) Sexualpraktiken darum, den Samenerguss möglichst zu verhindern. Der Mann soll auf diese Weise lernen, seine Energie nicht zu „verschleudern", sondern sie vielmehr in sich zu konzentrieren. Das Zurückhalten des Samenergusses sollte zu umso größerer Kraft oder Potenz führen. Der Vorgang der sexuellen Zeugung wurde als eine Art Niederlage des Männlichen angesehen, und von männlicher Seite her wurde demzufolge die Vorstellung entwickelt, es sei vorteilhafter, sich sexuell „weiblich“ zu verhalten, und das hieß dann eben ruhig und ohne „Verlust“. Der Sexualakt erscheint hier als eine Art Kampf, in welchem der Sieg nicht dem Geschlecht zugesprochen wird, das befruchtet, sondern stattdessen demjenigen, das es erreicht, befruchtet zu werden, und deshalb gebärfähig wird.

Auch im 78. Kapitel des *Laozi* scheint mir die Bildlichkeit auf diesen „Kampf der Geschlechter“, der sich im Sexualverkehr manifestiert, hinzuweisen. Dort lauten die ersten beiden Abschnitte:

Nichts in der Welt
ist geschmeidiger und weicher als Wasser,
doch nichts kann besser als es
dem Festen und Harten zusetzen. –
Denn es lässt sich nicht wandeln.

Dass das Wasser das Massive besiegt
dass das Weiche das Harte besiegt –
Keiner auf der Welt, der das nicht wüsste,
Und doch keiner, der es anzuwenden vermag.

Ich glaube, man muss kein Freudianer sein, um dieses Kapitel (auch) in einer sexuellen Bedeutung zu verstehen. Die Bilder des Wassers und des Weiblichen gehören im *Laozi* und im Daoismus insgesamt (wie im Übrigen auch in vielen anderen Kulturen) unmittelbar zusammen; und dieser Zusammenhang ergibt sich – wie es im vorigen Kapitel dieses Buches ausführlicher dargestellt wurde und wie es in der oben zitierten Zeile aus *Laozi* 28 deutlich wurde, wo von Männlichem und Weiblichem in einem Atemzug mit dem „Flusslauf“ die Rede war – durch die verbindende Eigenschaft der Fruchtbarkeit, also durch eine genuin sexuelle Qualität. Auch das gerade zuvor besprochene

61. Kapitel des *Laozi* knüpfte an die Bildlichkeit von Weiblichkeit *und* Wasser an, indem dort von der Eigenschaft des „unten Liegenden" gesprochen wurde, eine Eigenschaft, die eben das Wasser mit dem Weiblichen (in sexueller Hinsicht) verbinden kann. Wenn dementsprechend hier das Wasser als das weiche und geschmeidige Element beschrieben wird, das dem Festen und Harten (hier ist sicher an Steine und Felsen zu denken) zusetzt und das „das Massive besiegt", dann liegt es durchaus nahe, dieselbe Bildlichkeit auch sexuell zu deuten: Im Sexualakt besiegt das weibliche Geschlecht nicht allein durch sein Ruhen und unten-Liegen, sondern auch durch seine Weichheit das sich bewegende, oben liegende männliche Geschlecht, das sich überdies noch in „Festes" und „Hartes" „wandeln lässt". Jeder auf der Welt, so wird zudem gesagt, weiß dies, und doch gibt es kaum jemanden, „der es anzuwenden vermag". Auch diese Zeile erinnert wieder an den oben erwähnten Anfangsvers des 28. Kapitels, der den daoistischen Leser auffordert, das „Männliche" zu *kennen* und das „Weibliche" zu *bewahren.*

Der Sexualakt ist im *Laozi* eine Art Machtspiel der Geschlechter, wobei das Weibliche obsiegt. Dies wird als eine offenbare Tatsache, als ein vor Augen liegendes Faktum dargestellt, das dennoch in seinen Konsequenzen kaum verstanden werde. In der wirklichen Welt halten die Männer an ihren Verhaltensweisen fest, an den Strategien des „Harten" und „Festen", des „oben Liegenden" und der Bewegung oder Aktivität. Der daoistisch Gebildete und der ideale daoistische Herrscher aber werden sich gerade den Kampf der Geschlechter und die Struktur des Sexualaktes zu Herzen nehmen und sich nicht auf die gewöhnlichen Verhaltensweisen des Männlichen einlassen. Sie werden nicht dem herkömmlichen Muster der männlichen Sexualität folgen. Sie „kennen" das Männliche nur zu gut und „bewahren" daher das „Weibliche" (sie folgen der Verhaltensmaxime der Ruhe, des unten-Liegens, der Weichheit), sie *wenden* tatsächlich *an,* was die Sexualität zeigt. Deswegen ist der daoistische Idealmann im *Laozi* keinesfalls ein kerniger Sexualathlet oder Frauen verzehrender oder betörender „Macho“, er ist vielmehr einer menschlichen Gestalt gleich, die gewissermaßen noch *vor* der Entstehung wirklicher Männlichkeit liegt – dem *Kleinkind.* Der daoistische „Supermann“ ist hier ein Baby:

Wer die Völle der Kraft in sich birgt,
ist einem Kleinkind gleich (…)

So beginnt das 55. Kapitel, und im weiteren Verlauf der Beschreibung dieses daoistischen Kleinkindes heißt es dann wenig später:

Knochen und Muskeln sind weich und schwach –
aber der Griff ist fest.
Er weiß nichts von der Vereinigung des Männlichen
und Weiblichen –
aber der Penis ist aufgerichtet.
Das ist das Maximum der Lebenskraft.

Das daoistische Kleinkind „weiß nichts von der Vereinigung des Männlichen und Weiblichen“, das heißt, es ist noch vor-sexuell, es vollzieht noch nicht den Sexualakt – es ist noch kein Sexualpartner. Gerade darin zeigt sich eben, dass es „das Männliche kennt“ und „das Weibliche bewahrt“, dass es die daoistische Einsicht in die Natur des Sexuellen „anzuwenden weiß“. Das – offensichtlich männliche – daoistische Kleinkind „bewahrt“ sich das Weibliche: „Knochen und Muskeln sind weich und schwach.“ Es hat eine dauerhafte Erektion, ohne in der „Vereinigung des Männlichen und Weiblichen“ seine Potenz jemals zu verlieren oder (ans Weibliche) abzugeben. Es kommt bei dem Kleinkind niemals zur Ejakulation, und deshalb birgt es eben die „Völle der Kraft“ in sich und verfügt über „das Maximum an Lebenskraft“. Der daoistische Knabe folgt damit gewissermaßen der Strategie des weiblichen Nicht-Handelns *(wu wei),* Ruhens und des sich nicht verausgabenden „unten-Liegens“. Von ihm wird – nun wieder im 28. Kapitel – auch gesagt:

Wenn die beständige Kraft dich nicht verlässt,
kehrst du wieder zurück zur Kleinkindlichkeit.

Das daoistische Kleinkind soll sich der Leser (oder im altchinesischen Kontext besser: der Hörer) des *Laozi* zum Vorbild nehmen. Wenn er dies tut, so wird er zu höchster Machtfülle und Energie kommen. Aber – so lässt sich leicht einwenden – wenn dies nun jeder täte, wäre dies dann nicht gerade das Ende aller Fruchtbarkeit und das Ende allen Gebärens? So würde es ja niemals überhaupt zur Befruchtung kommen, und das Leben könnte sich nicht fortpflanzen. Ein solcher Einwand geht jedoch an dem im ersten Kapitel dieses Buches geschilderten daoistischen Kontext vorbei: Der *Laozi* wendet sich nämlich nicht, wie ein heutiges Buch, an *jeden* beliebigen Leser, sondern im Grunde nur an einen *einzigen,* nämlich den daoistischen Idealherrscher. Dieser herrscht im Bereich des Politischen, ohne selbst irgendein spezifisches Amt auszuüben (vgl. unten Kapitel V). Alle Tätigkeiten in der Gesellschaft, angefangen von den höchsten Ministerämtern bis hinunter zu den einfachsten Tätigkeiten in der Landwirtschaft, werden von den Untertanen ausgeführt. Der Herrscher aber „handelt, ohne zu handeln", und dabei „bleibt eben doch nichts ungetan", wie es in Kapitel 37 und 48 (der Standardversion) des *Laozi* heißt. Das bedeutet, dass der daoistische Idealmann eben gerade nicht sexuell auf dieselbe Weise handelt wie alle anderen Männer. Auch der daoistische Idealherrscher handelt ja anders als alle anderen Mitglieder der Gesellschaft. Der daoistische Idealherrscher und der daoistische Idealmann gleichen der Nabe im Rad (*Laozi* 11), die die Einheit des Rades, die Einheit aller Speichen gewährleistet und dabei eben gerade anders ist als diese: nämlich untätig und unbewegt. Der daoistische Idealmann verkörpert daher im Sexuellen das Dao ebenso wie der daoistische Idealherrscher im Staat. Der Idealmann ist die Potenz aller Sexualität (sein Penis ist aufgerichtet, aber er handelt nicht sexuell) und er *geht* (als „Kleinkind") gewissermaßen *der Zweiteilung der sexuellen Aktivität* durch die Geschlechter *voraus,* so wie der daoistische Idealherrscher die Potenz aller Macht darstellt und der in verschiedene Aufgabenbereiche zerfallenden *gesellschaftlichen Aktivität unbeteiligt und ungeteilt vorsteht*. Dies bedeutet, dass der daoistische Idealmann – wie ihn das Kleinkind mit seiner Erektion in Kapitel 55 bildlich darstellt –, obwohl (beziehungsweise gerade weil) er nicht sexuell aktiv im herkömmlichen Sinne ist, doch alle sexuelle Aktivität bejaht und sogar ermöglicht, ebenso wie der ideale politische Herrscher, obwohl (beziehungsweise gerade weil) er nicht politisch aktiv im herkömmlichen Sinne ist, doch alle politische Aktivität bejaht und sogar ermöglicht.

Die sexuelle Enthaltsamkeit des daoistischen Idealmannes ist somit keinesfalls mit westlich-christlichen Vorstellungen von sexueller Enthaltsamkeit gleichzusetzen. Die Enthaltsamkeit des daoistischen Herrschers ist im *Laozi* die „Wurzel" (um auf ein anderes, oben ausführlicher beschriebenes Bild zurückzugreifen) der daoistischen Sexualität und Fruchtbarkeit. Sie ist nicht gegen die Sexualität gerichtet, sondern, gerade umgekehrt, die paradoxe Verankerung des Sexuellen im Nicht-Sexuellen.

Das Dao ist der andauernde Prozess des Werdens und Vergehens und von daher auch ein sexueller Prozess, ein Prozess, der die Zweiteilung der Geschlechter und ihren „Kampf" miteinander umfasst. Dieser Kampf ist eine Art natürlicher Vorgang, der zur Fortpflanzung führt, eine Art Wettbewerb, der mit dem Sieg des Weiblichen und seiner Befruchtung endet – und damit zugleich wieder beginnt, denn die Befruchtung wird ja neues Leben und neue Geschlechtlichkeit und Sexualität hervorbringen. Dieser Kreislauf der Sexualität macht das Leben und den Wandel aus und ist dennoch angewiesen auf ein sich darin nicht verbrauchendes Element, so wie der Blasebalg in seinem Funktionieren auf die leere Mitte angewiesen ist und der Krug auf den Hohlraum. Der daoistische „Idealmann" im *Laozi* – das Kleinkind – verkörpert diese „leere Mitte" der Sexualität, eine unerschöpfliche Quelle der Fruchtbarkeit, die selbst nicht am Wechselspiel der Geschlechter teilnimmt. In der pflanzlichen Welt entspricht dem Bild des Kleinkindes das der Wurzel. Auch diese „hält sich zurück" und ermöglicht so das Hervortreten der

Blüte mit all ihren Eigenschaften der Fruchtbarkeit, die dann „verschwendet“ werden, um neues Leben zu zeugen.

Die daoistische Konzeption der Sexualität, die im *Laozi* zum Ausdruck kommt, ist nicht auf den Menschen allein bezogen, ja noch nicht einmal vorwiegend auf den Menschen. Auch die Sexualität wird im *Laozi* nicht anthropozentrisch verstanden. Natürlich sind die Menschen sexuelle Wesen, aber sie befinden sich in einer Natur, die im Ganzen sexuell ist und deren Teil die menschliche Sexualität ist. Die bekannteste bildliche Wendung für den Sexualakt in der chinesischen Sprache bringt diese nicht anthropozentrische, „natürliche“ Sichtweise der Sexualität zum Ausdruck, wenn sie den Geschlechtsverkehr als „Spiel von Wolken und Regen“ bezeichnet. Menschliche Sexualität, Fruchtbarkeit und Fortpflanzung ereignen sich in einem Kosmos der Fruchtbarkeit, in dem das Dao alles Wachstum und Vergehen umgreift. Dieses Werden und Vergehen ist nicht auf Biologisches oder Organisches im modernen, wissenschaftlichen Sinne beschränkt. Alles „zwischen Himmel und Erde“ wird und vergeht, keineswegs nur Menschen, Tiere und Pflanzen, sondern genauso auch solche uns so verschieden erscheinende „Dinge“ wie Jahreszeiten, Gewitter oder Steine. Weil so besehen alles Natürliche, indem es geworden ist, zugleich gewissermaßen „lebendig“ ist – „leben“ *(sheng)* heißt im Chinesischen ganz allgemein soviel wie „erzeugen“, „gebären“ oder „hervorbringen“ –, konnte sich das inzwischen auch im Westen modisch gewordene *Fengshui* entwickeln (wörtlich die Lehre von „Wind und Wasser)“ als die Lehre davon, wo jeweils die Dinge in diesem Gesamtorganismus (dem eben auch alles nicht-Organische zugehört) ihren Platz günstigerweise einnehmen sollen. Wind und Wasser, Wolken und Regen, all dies gehört mit hinein in einen einzigen fruchtbaren Gesamtzusammenhang der Erzeugung oder des Lebens *(sheng)*. Die gesamte *Natur* ist ein beständiges Befruchtungs- und *Gebär*geschehen, und Kapitel 32 des *Laozi* sagt demgemäß:

Himmel und Erde vereinen einander,
um süßen Tau zu spenden.

Wenn daher oben in den Zitaten aus *Laozi* 61 und 28 von „Weiblichem“ und „Männlichem“ gesprochen wurde, so bezogen sich diese Ausdrücke (wie ja auch oft im Deutschen) nicht primär auf Menschen beziehungsweise auf Frauen und Männer, sondern auf die gesamte Natur und auf Lebewesen im Allgemeinen. Die chinesischen Wörter *pin* und *mu* (in Kapitel 61) beziehungsweise *xiong* und *ci* (in Kapitel 28) werden normalerweise im Hinblick auf die Tierwelt verwendet. Das Sexuelle mit seiner Unterscheidung zwischen Männlichem und Weiblichem ist daher im *Laozi* nicht weniger „tierisch“ oder „natürlich“ als menschlich – aber das bedeutet eben wiederum keinesfalls eine Abwertung des Sexuellen. Der Mensch hat keine besondere Sexualität, keine andere Fruchtbarkeit als alle anderen Dinge in der Natur. Daher ist diese Sexualität auch *moralfrei:* Sie ist weder gut (denn es wird dadurch ja auch bei den Menschen nichts Besseres hervorgebracht als bei tierischer Sexualität, es wird immer „nur“ ein weiteres Lebewesen erzeugt), noch ist sie schlecht, das heißt, ihr haftet nichts Sündiges oder Schmutziges an. Sie wird aber auch nicht als etwas besonders Lustbringendes oder Erfüllendes dargestellt – sie ist schlicht und einfach natürlich-gebärend. Und wenn der daoistische Idealmann sie nicht ausübt, dann nicht, weil er durch sie „verdorben“ würde oder weil er dadurch hedonistischen Neigungen nachgeben würde, sondern vielmehr, weil er dadurch seine besondere Stellung in Bezug auf das Dao demonstriert und dokumentiert. Die asexuelle Sexualität des daoistischen Heiligen ist keine Flucht vor einem tierischen oder „unmenschlichen“ Charakter des Sexuellen, sondern vielmehr gerade, wie oben gesagt, die „Wurzel“ einer alles umfassenden, gewissermaßen kosmischen Sexualität.

Die nicht anthropozentrische Konzeption der Sexualität im *Laozi* erlaubt es, auch andere Textstellen, die nicht unmittelbar als sexuell erscheinen, im Rahmen einer daoistischen kosmischen Sexualität zu deuten. Im 23. Kapitel ist beispielsweise von „Gewitterregen“ und „Sturmwind“ die Rede.[4] Diese Ereignisse werden als ungesunde und unzeitgemäße „Ergüsse“ natürlicher Kräfte dargestellt, gewissermaßen als eine Art *ejaculatio praecox* des Wetters. Diese vorschnelle Entladung der Energien führt in der Regel zu Unglück und Katastrophen, daher gilt es, sie möglichst zu vermeiden. Auch im Verkehr zwischen Himmel und Erde ist Achtsamkeit förderlich. Wenn nur alles den ihm gemäßen Platz einnimmt und sich dem Rhythmus des Wechselspiels einfügt, dann wird sich die natürliche Zeugung und Empfängnis harmonisch gestalten. In Kapitel 23 des *Laozi* mündet der Kontakt zwischen Himmel und Erde in ein „eingestimmtes Geben und Nehmen“, das Fruchtbarkeit und Erzeugung zur Folge hat – und dabei ist es eben *gleichgültig,* ob dieses Geben und Nehmen im menschlichen Bereich, in der Tier- oder Pflanzenwelt oder „zwischen Himmel und Erde“ geschieht.[5]

Sexualität und Fruchtbarkeit entstehen dort, wo Zweiheit, wo Zweiteilung des „Gebens und Nehmens“ besteht. Das „Männliche“ und das „Weibliche“ sind die beiden Elemente, die durch ihr sexuelles Geben (in der Befruchtung), Nehmen (im Befruchtetwerden) und wieder Geben (des neuen Lebens) die Fruchtbarkeit im wörtlichen daoistischen Sinne zu *Wege* bringen. Dieser Weg der Fruchtbarkeit und der Erzeugung ist, wie gesagt, keinesfalls anthropozentrisch eingeengt. Vielmehr befindet sich alles, was existiert, auf diesem Weg. Dieser Weg der sexuellen, der geschlechtlichen Zweiteilung ist jedoch – und das ist ein wichtiger Punkt – in der Einheit verankert, wie eben die Vielfalt der Speichen und ihr *Kreislauf* in der *einen* Nabe verankert sind. Dies bedeutet, dass der daoistische Idealmensch, der das Dao manifestiert, gewissermaßen *vor*-sexuell und *vor*-geschlechtlich ist. Deshalb wird er als Kleinkind porträtiert, als das Wesen vor der Geschlechtlichkeit, das alle Potenz in sich birgt, ohne sie jedoch von sich geben zu können.

Das Bild des Kleinkindes, das offensichtlich (auch) sexuelle – oder genauer: vor-sexuelle – Bedeutung hat, korrespondiert mit anderen Bildern im 28. Kapitel des *Laozi,* die vor dem beschriebenen Hintergrund durchaus auch in sexueller Hinsicht gedeutet werden können. Im zweiten Teil dieses Kapitels heißt es:

Sei der Welt Tal
und die beständige Kraft genügt.
Wenn die beständige Kraft genügt,
kehrst du wieder zurück zum Zustand unbehauenen Holzes.

Das Bild des Tales wurde bereits im vorangegangen Abschnitt dieses Buches verfolgt – es steht eben für die Einheit und die Mitte, und es ist ein Bild der Fruchtbarkeit, es ist die Leere, um die herum die Fülle sprießt. Auch das Tal steht somit vor oder inmitten der sexuellen Zweiteilung: Es ist die eigenschaftslose Leere, die noch ungeschlechtliche Einheit, die beiden Geschlechtern zu Grunde liegt. Mit dem Flusslauf, der das Tal durchzieht, vermag es alles, was sich vermehrt, zu nähren. Insofern entspricht der vor-geschlechtliche daoistische Idealmensch dem Tal und dem Flusslauf – „sei der Welt Flusslauf", hieß es gleich zu Beginn des 28. Kapitels. Zu den Bildern des Tales und des Flusslaufs kommt hier nun wiederum das Bild des „unbehauenen Holzes". Auch dieses Bild kann gerade im Kontext des 28. Kapitels in einer sexuellen Dimension gelesen werden. Die „beständige Kraft", die sich nicht verausgabende Potenz, die das Kleinkind mit der Erektion ebenso bildlich darstellt wie das Tal und der Flusslauf darin, wird auch dem „Zustand des unbehauenen Holzes" zugesprochen. Auch das unbehauene Holz ist noch ungeschlechtlich, es hat noch keine spezifische Form angenommen. Auch es ist Einheit vor der Zweiteilung, es ist noch „unbeschnitten". *Laozi* 28 endet mit den folgenden Worten:

Wird das unbehauene Holz in Stücke geteilt,
dann werden Geräte daraus.
Nimmt der Heilige sie in Gebrauch,
dann wird er zum Leiter aller Beamten.
Nun,
großes Schnitzwerk schneidet nichts weg.

Das unbehauene Holz stellt den Zustand vor der Teilung da, den Zustand der Einheit. Wird das Holz geteilt, so entstehen daraus die „Geräte“, und diese „Geräte“ sind eben auch die Geräte des Ackerbaus und die Geräte des Haushaltes. Es sind im weiteren Sinne die Gerätschaften des Männlichen und Weiblichen, durch die auch die Tätigkeiten des Säens und Erntens verrichtet werden. Und es sind in einem noch weiteren Sinne daher auch Bilder des Weiblichen und Männlichen selbst – und mit diesem Thema beginnt ja *Laozi* 28 – als den beiden Basis-„Geräten“, aus denen das gesellschaftliche und menschliche Leben ebenso wie das Leben überhaupt besteht. Über und vor dieser Zweiteilung, die auch das Geschlechtliche betrifft, steht der „Heilige“ *(sheng ren),* der daoistische Idealherrscher, der alles zusammenfügt und allem die Einheit gibt, ohne etwas dabei „wegzuschneiden“. Der selbst asexuelle daoistische Idealmensch fügt das Zweigeschlechtliche zusammen, er affirmiert und bestätigt es, er lässt es fruchtbar sein.

Insofern das Dao selbst die Einheit ist, die der geschlechtlichen Zweiteilung zugleich vorausgeht und sie – potenziell – beinhaltet, insofern es noch ungeschlechtlich ist und doch beide Geschlechter umfasst (wie das unbehauene Holz), wird das Dao nicht nur als „Mutter“ porträtiert,[6] sondern eben genauso als Vater, wie es in *Laozi* 21 zum Ausdruck kommt, wenn dort vom „Vater aller“ gesprochen wird. Die Fruchtbarkeit beruht auf der vor-geschlechtlichen, asexuellen Einheit und Ungeschiedenheit, die noch vor Vater und Mutter besteht und deshalb Vater und Mutter ermöglicht. Kapitel 25 im *Laozi* beginnt so:

Es gibt ein Ding –
im Mischmasch vollbracht,
vor Himmel und Erde lebendig gemacht.
Welche Stille! Welche Leere!
Allein steht es fest und ändert sich nicht.
Es kann Himmel und Erde Mutter sein.

Dieses „Ding“, von dem hier die Rede ist, ist die zentrale, ungeschiedene Einheit des vor-geschlechtlichen Dao, denn sie ist „im Mischmasch[7] vollbracht“, noch vor der Zweiteilung von Himmel und Erde. Sie ist still und leer – ohne sexuelle Eigenschaft und Aktivität und „allein“, also einfach, unabänderlich, und nicht dem Wandel des Wachsens und Vergehens ausgesetzt, dem alles Geschlechtliche unterliegt. Insofern handelt es sich hier um die noch ungeschlechtliche Mutter aller Mütter, um den noch asexuellen Vater aller Väter. Das Bild des Kleinkindes mit dem erigierten Penis und das der Mutter zeigen, dass das Dao mit beiden Geschlechtern identifizierbar ist, weil es die noch ungeteilte Grundlage und zugleich die Gesamtheit der geschlechtlichen Zweiteilung ist.

Ich denke, dass die Fülle der unmittelbar und mittelbar auf Fruchtbarkeit und Fortpflanzung bezogenen Bilder im *Laozi* unzweifelhaft belegt, dass Sexualität und Geschlechtlichkeit wichtige Themen des frühen Daoismus waren. Gleichzeitig fällt jedoch auch auf, dass die Thematik des Sexuellen mehr oder weniger ganz frei von erotischen Konnotationen abgehandelt wird. Dies wird zunächst schon dadurch deutlich, dass die Behandlung der Sexualität im *Laozi* kaum auf den menschlichen Bereich fixiert ist und sich vielmehr in einem weit über den Menschen hinausgehenden biologischen und kosmischen Rahmen vollzieht. Im heutigen Sprachgebrauch ist nun das Erotische demgegenüber vorwiegend eine menschliche Angelegenheit; der Begriff der „Erotik“ knüpft Sexualität an menschliche Werte oder Kategorien wie Genuss, Ästhetik oder Lust und verkoppelt dadurch gewissermaßen Sexualität und Kultur. Eine solche erotische Dimension ist im *Laozi* schwerlich zu finden.

Die „unerotische“ Darstellung des Sexuellen im *Laozi* wird besonders deutlich, wenn man einen vergleichenden Blick auf die Behandlung sexueller Themen in der altgriechischen Philosophie und insbesondere in derjenigen Platons wirft. Eines der berühmtesten Werke Platons, das *Symposion,* befasst sich praktisch ausschließlich mit Fragen der Erotik. Die im *Symposion* enthaltenen altgriechischen Lehren von der Erotik sind allerdings derart komplex, dass ich sie hier nicht wirklich eingehend schildern kann. Ich will deshalb nur einige mir im Vergleich zum *Laozi* besonders relevant erscheinende Aspekte hervorheben, die den Ausführungen des Sokrates und denen eines seiner Vorredner, des Arztes Eryximachos, zu entnehmen sind.

Für Eryximachos, den Arzt und damit Mann der Naturkunde, ist die Erotik in der ganzen Welt wirksam; sie ist eine Art Bindungsprinzip, das die „Liebe" als Kunst der Zusammenfügung und des Einverleibens in der gesamten Natur und sogar in der Kultur (etwa wenn es um das Komponieren von Musik als das Zusammenfügen von Tönen zu einer Harmonie geht) begreift. Für ihn gibt es einen guten und einen schlechten Eros, und so besteht in allen Dingen einerseits die Möglichkeit des guten Gelingens, eines fruchtbaren Beieinanders, und andererseits die Möglichkeit einer schlechten Zusammenkunft, eines Misslingens der Harmonie. Wenn ein „guter Eros" herrscht, werden das Klima und das Wetter „stimmen" und dementsprechend wird auch der Lauf der Jahreszeiten ein harmonischer sein. Wenn aber der „frevelhafte Eros" die Beziehungen der Sterne und dadurch auch der Wettervorgänge beherrscht, wird dies zu Unordnung, Katastrophen und (im weitesten Sinne: Geschlechts-) Krankheiten führen. Erotik und Liebe sind in diesem Zusammenhang ganz allgemein die Formen der geordneten oder ungeordneten Konstellation, sei es am Himmel, sei es in der Natur oder sei es in der menschlichen Gesellschaft.

Ganz anders als Eryximachos versteht Sokrates den Eros und die Erotik. Für Sokrates ist die menschliche Liebe und Erotik in ihrer reinen Form das Streben nach der Vereinigung mit dem Guten: „So geht denn, alles zusammengenommen, die Liebe darauf, dass man selbst das Gute immer haben will."[8] Die Liebe geht ihrem Geschäft des Begehrens des Guten auf eine besondere Weise nach: Sie strebt nach der *Erzeugung* des Guten in der Vereinigung mit diesem. Die Liebe ist Fruchtbarkeit, Empfängnis und Erzeugung, und zwar „im Schönen". Der Mensch strebt danach, sich mit Schönem zu vereinigen, sich in dieser Vereinigung unsterblich zu machen und es darin den Göttern gleichzutun. So erzeugt man in der körperlichen liebenden Vereinigung mit dem Schönen (mit der schönen Frau) ein neues Leben und zielt damit auf die Unsterblichkeit des eigenen „Geschlechtes“ hin, wodurch man an der Ewigkeit der Götter auf menschliche Weise Anteil hat.

Die geschlechtliche Seite der Erotik wird für Sokrates übertroffen von der geistigen Erotik als dem Bedürfnis, sich geistig „fortzupflanzen“ und unsterblich zu machen. (Diese „Platonische Liebe“ spielt sich in erster Linie zwischen Männern ab.) Auch die Seele hat nämlich eine „Zeugungskraft“, und diese ist gewissermaßen höher als die leibliche. Der rechte Mann und Philosoph wird seine Zeugungskraft auf die Weitergabe von Weisheit, Tugend und Gerechtigkeit ausrichten. So führt die Erotik bei Sokrates über das Leibliche hinaus ins Reich des Wahren, Schönen, Guten und auf den Pfad der seelischen Unsterblichkeit für sich und andere, geliebte Menschen. Und so kommt Sokrates zu dem Schluss, dass „nicht leicht jemand der menschlichen Natur einen besseren Helfer finden könnte als den Eros“.[9]

Es ist nun unschwer zu erkennen, dass die „Erotikferne“ der daoistischen Konzeption von Sexualität, wie sie im *Laozi* erscheint, dadurch zu erklären ist, dass heutige westliche Erotikbegriffe eben mehr durch die Platonische Vorstellung von der Erotik geprägt sind als durch ältere, vorsokratische Positionen. Anders gesagt, die Erotikferne des *Laozi* ist eine Ferne von klassischen und modernen auf den Menschen und auf die „Kultur“ bezogenen Erotikbegriffen Europas, während andererseits ältere „kosmische“ Modelle der „Erotik“ aus der griechischen Antike durchaus manche Parallelen zu im *Laozi* auftauchenden Vorstellungen der Sexualität aufweisen mögen. Es scheint zwischen *Laozi* und den Vorsokratikern einige Ähnlichkeiten gegeben zu haben. Und dies gilt wohl auch – und vielleicht sogar in besonderem Maße – für den Bereich der Erotik und Sexualität.

Ähnlich wie für Eryximachos ist auch im *Laozi* die Sexualität nichts spezifisch Menschliches, im Gegenteil, sie ist eine (zweigeteilte) im ganzen Kosmos wirksame „Triebkraft“. Die

Erotik des Eryximachos hat nichts *Persönliches,* sie ist nichts, das sich primär zwischen einzelnen Menschen abspielte. Sowohl für Eryximachos als auch im *Laozi* wird die Sexualität als ein unpersönliches, prozessuales Geschehen betrachtet, das entweder in Ordnung und Harmonie vollzogen werden kann oder im Unglück endet. Letzteres hat nun weniger mit moralischer Unreinheit der Sexualität zu tun, sondern vielmehr mit Verstößen gegen die „natürliche“ Harmonie. So wie im *Laozi* (Kapitel 23) Gewitter und Sturm als sexuelle Fehlfunktionen der Natur gedeutet werden, so benennt auch Eryximachos die Witterung und Phänomene wie Hagel und Mehltau als Anzeichen einer gestörten kosmischen Erotik. Die Ordnung der Gestirne und der Jahreszeiten hängen sowohl für die frühen Daoisten als auch für Eryximachos unmittelbar mit Fruchtbarkeit und Fortpflanzung zusammen.

Anders als Eryximachos und auch anders als im *Laozi* versteht Sokrates im *Symposion* Erotik nicht mehr als unpersönliche, die gesamte Natur umfassende Sexualität im Sinne einer permanenten Paarung komplementärer Elemente im Dienste der Fruchtbarkeit und Fortpflanzung. Bei ihm treten Sexualität und Erotik vielmehr deutlich auseinander. Nicht-menschliche Sexualität gehört für Sokrates offenbar gar nicht mehr in den Bereich der Erotik mit hinein, und selbst die menschliche, leibliche Geschlechtlichkeit stellt für ihn nur einen untergeordneten, primitiven Aspekt der Erotik dar. Wahre Erotik und wahre Liebe geht für Sokrates über das Geschlechtliche und auch über die Unterscheidung der Geschlechter hinaus, ja sie ist eigentlich in ihrer höheren Form gerade nicht zwischen Mann und Frau möglich. Sie ist vielmehr eine die leiblichen Lüste übersteigende Form geistiger Liebe im Dienste göttlicher Schönheit, Tugend und Unsterblichkeit. Eine derartige Intellektualisierung und „Humanisierung“ der Sexualität hin zu einer rein „Platonischen“ Liebe ist dem *Laozi* völlig fremd.

Der *Laozi* teilt die „Körperüberwindung“ des sokratischen Eros – die, wie bei manchen christlichen Glaubensrichtungen, leicht zur Körperverachtung werden kann – nicht. Außerdem sind im *Laozi* zwischenmenschliche Beziehungen nicht der Einstieg in die Erotik oder in die Sexualität. Und schließlich spielt in der Sexualität, wie sie im *Laozi* zur Sprache kommt, die Beziehung zum Göttlichen keine Rolle. Der Sexualität haftet hier nichts Transzendentes an: Weder der Körper noch das Weltliche werden durch sie überschritten. Mit Sokrates und Platon machte sich die abendländische Philosophie auf den Weg der Unterscheidung zwischen Sexualität und Erotik. Eine solche Unterscheidung hat die daoistische Philosophie, so weit ich sehe, kaum je getroffen, und wenn doch, so sicherlich nicht schon im *Laozi*. Der daoistische „Heilige“ versucht hier einen Zustand noch vor der Entfaltung und Zweiteilung und „Verausgabung“ der Sexualität einzunehmen, während der Sokratisch-Platonische Idealmensch über das Sexuelle hinaus in den Bereich einer „seelischen“ (und „seligen“) Erotik zu gelangen sucht.

III. Yin und Yang, Qi, Dao und De, Himmel und Erde, *ziran*.

Die vorangegangenen Überlegungen zur Sexualität im *Laozi* haben gezeigt, wie die Welt als ein permanenter Prozess der Erzeugung, als ein Kreislauf der Fruchtbarkeit verstanden wird. In diesem Kreislauf kommt es darauf an, die natürliche Ordnung einzuhalten. Wird gegen die natürliche Ordnung verstoßen, dann stellen sich Unglück und Katastrophen ein. Eine derartige Vorstellung von der Welt ist keine dem *Laozi* eigentümliche Erfindung. Sie scheint nicht so grundverschieden von manchen altgriechischen und insbesondere vorsokratischen Weltbildern gewesen zu sein. Der *Laozi* entfaltet allerdings viele der in der chinesischen Antike verbreiteten Konzepte der Welt und der Natur – und er gebraucht natürlich auch, indem er in der altchinesischen Sprache geschrieben ist, die sprachlichen Begriffe, in denen diese Konzepte ihren Ausdruck fanden. Im *Laozi* findet sich dementsprechend das Vokabular wieder, das im alten China auch von anderen „Schulen" wie den Konfuzianern, den Legalisten oder den Mohisten zur Weltbeschreibung benutzt wurde: Man begegnet solchen Worten wie „Yin" und „Yang", „Qi" und „Dao" und „De", die zum Allgemeingut der altchinesischen Denker gehörten. Oder anders, im Anschluss an den ersten Abschnitt dieses Buches, gesagt: Die Semantik des *Laozi* ist ein integraler Bestandteil der altchinesischen Semantik als Ganzer (und dadurch dann eben doch wieder in vielen Einzelheiten sehr stark von der europäischen Tradition unterschieden, die ja ihr eigenes Vokabular und dementsprechend ihre eigenen Semantiken entwickelte).

Die Welt des Sexuellen (und damit eigentlich auch die Welt überhaupt) wird im *Laozi* als ein Prozess der Fortpflanzung beschrieben, der sich auf Grund einer Art geschlechtlicher Zweiteilung ereignet, aber zugleich in einer vorgeschlechtlichen Einheit verwurzelt ist und insgesamt gerade deshalb wiederum zu einer einheitlichen, die Teilung der Geschlechter umfassenden Einheit zusammengeschlossen ist. In der altchinesischen philosophischen Terminologie wurden die beiden Grundelemente der (geschlechtlichen) Zweiteilung als das Yin (das „Weibliche“) und das Yang (das „Männliche“) bezeichnet. Die Einheit beider ist eben das Dao, das einerseits als die noch vor der Teilung liegende Einheit verstanden werden kann, aber eben genauso – weil es diese begründet – auch als die alle Zweiheit umfassende Gesamtheit. Diese Grundstruktur ist Basis vieler altchinesischen Philosophien, sie gehört gewissermaßen zur „Grammatik“ der altchinesischen philosophischen Semantik; sie ist eine Grundstruktur, die sich in vielen Weltentwürfen wiederfindet.

Zu den bekanntesten Kapiteln des *Laozi* gehört das 42. Es ist das einzige Kapitel im *Laozi*, in dem die Ausdrücke „Yin“ und „Yang“ vorkommen. Hier heißt es:

Die zehntausend Dinge;
tragendes Yin, bergendes Yang –
vermischende Qi-Energie schafft Harmonie.

Die „zehntausend Dinge“ sind einfach alle Arten von Dingen und Lebewesen, sie sind all das, was es zwischen „Himmel und Erde“ *(tian di)* „gibt“ *(you)*. Ihr Beieinander, die Art ihres Zusammenseins und Zusammenkommens wird offenbar bestimmt durch eine grundlegende Zweiteilung, und „Yin“ und „Yang“ sind die Namen für die beiden Aspekte dieser Zweiteilung. Das Yin ist hier als das „Tragende“ beschrieben, und das Tragende ist das, was „unten liegt“, also entspricht ihm das Weibliche. Das Tragende wird komplementiert vom „Bergenden“, dieses ist das, was „Potenz“ hat, also entspricht ihm das Männliche. Das Yin und das Yang sind *allgemeiner* als die Kategorien des Weiblichen und des Männlichen – und natürlich noch viel allgemeiner als die Unterscheidung zwischen Frauen und Männern. Yin und Yang sind, um einen Ausdruck des Sinologen Marcel Granet zu verwenden, die „Rubriken“, in denen sich die Zweiteilung der Welt anordnet. Alle Dinge der Welt verhalten sich zueinander und stellen dadurch eine geordnete Struktur her, indem sie sich diesen Rubriken fügen.

Folgt man Marcel Granet, so lassen sich die Ausdrücke „Yin" und „Yang" (unter anderem) auf die Unterscheidung der schattigen (Yin) und der sonnigen (Yang) Seite eines Hügels zurückführen.[10] Korrespondierend zum Weiblichen umfasst Yin dementsprechend das Dunkle und den Mond, während Yang das Helle und die Sonne umfasst. Yin und Yang stellen also tatsächlich die Rubriken da, auf deren Basis sich die „zehntausend Dinge" zueinander verhalten und fruchtbar machen. Der Hügel teilt sich in eine Schattenseite und eine Sonnenseite, diese Seiten korrespondieren mit Dunkelheit und Helligkeit, Sonne und Mond, und diese Unterscheidungen wiederum korrespondieren mit einer Unterscheidung zwischen Männlichem und Weiblichem, nach der sich unter anderem Menschen und Tiere gliedern. Damit ist auch jeder Hügel gewissermaßen zweigeschlechtlich und ebenso die Himmelskörper. Diese Zweiteilung oder Zweigeschlechtlichkeit ist es, die überall, auf den Hügeln, unter den Menschen und am Himmel, Fortpflanzung und Bewegung ermöglicht und strukturiert.

In seinen Ausführungen über die Rubriken Yin und Yang weist Marcel Granet auf eine ganz wichtige Textstelle hin, die sich im Textkorpus des *Yijing* (das „Buch der Wandlungen") findet.[11] Dort findet sich der programmatische Spruch: „Einmal Yin, einmal Yang: Das ist das Dao."[12] Yin und Yang sind, wie Granet betont, keine „Kräfte" oder „Substanzen", sondern vielmehr zwei komplementäre „Aspekte", die jede gelungene Einheit, jedes gelungene, geordnete und letztlich fruchtbare Geschehen gliedern.[13] Die Begriffe Yin und Yang sind, wie Granet sagt, „Teil eines vom Gedanken des Rhythmus bestimmten Vorstellungskomplexes".[14] Granet führt in diesem Zusammenhang – in wohl bis heute unübertroffener Weise – weiter aus, wie im altchinesischen Denken Yin und Yang den *Rhythmus* des Geschehens in der gesamten Welt gliedern. Das Weibliche und das Männliche, der Mond und die Sonne, die dunkle Seite und die helle, all dies sind nur einzelne Fälle der „zehntausend Dinge", die sich den Grundrubriken Yin und Yang entsprechend zueinander verhalten, sich „rhythmisch" – und das heißt: ab*wech-*

selnd und er*gänzend* – vereinen und so Harmonie und dadurch Fruchtbarkeit „zu Wege bringen". Das eben ist das Dao, oder wörtlich: der *Weg*. Es ist die im *Rhythmus* geeinte Zweiteilung, die das Gesamtgeschehen dauerhaft und geordnet macht. Yin und Yang als die Rubriken dieses Rhythmus ermöglichen die Einheit des Geteilten. Gemäß der Ordnung von Yin und Yang münden Sonne und Mond, Helligkeit und Dunkelheit, Männliches und Weibliches in ein harmonisches Wechselspiel, in einen dauerhaften *Prozess* der Erzeugung.

In *Laozi* 42 wird die Harmonie zwischen Yin und Yang begleitet von einer Vermischung der „Qi-Energie". Der Ausdruck „Qi" (in anderen Umschriften auch „Ch'i" oder „Chi") bezeichnet sozusagen das „Universalmedium" in der altchinesischen Weltsicht. Alles, was existiert, besteht in irgendeiner Weise aus Qi. Dabei ist dieses Qi aber weder atomistisch vorgestellt (man denkt nicht, dass es eine Art kleinster Teilchen ist) noch elementar (man denkt nicht, dass es sich dabei um einen Grund*stoff* handelt). Qi ist weder stofflich noch geistig, weder materiell noch spirituell. Diese Unterscheidung, die ja bereits in der altgriechischen Philosophie (bei Platon) von Bedeutung war, wird im chinesischen Altertum und im *Laozi* so nicht getroffen. Insofern ist das Qi eben eher eine Art Medium oder „Energie" und diesbezüglich sehr entfernt vergleichbar mit der heutigen physikalischen Vorstellung vom Licht, das ja auch mit dem Materie-Begriff nicht hinreichend erklärt werden kann.

Das Wort „Qi" war im chinesischen Altertum und ist auch in der heutigen Umgangssprache kein reiner Fachausdruck, es gehört in mannigfaltiger Verwendung zum alltäglichen Vokabular – wie im Deutschen beispielsweise das Wort „Stoff", das neben seiner wissenschaftlichen Bedeutung eine ganze Reihe damit zusammenhängender alltagssprachlicher Bedeutungen hat, die aber eben alle bezeichnenderweise Vorstellungen von Materiellem anklingen lassen. Das Qi ist demgegenüber gewissermaßen das chinesische Gegenstück zum Stoff, allerdings wurde es gerade *nicht stofflich* gedacht. Qi sagt man im Chinesischen für „Gas" oder für „Luft", und es bedeutet auch „Atmosphäre" und „Geruch“. Dementsprechend kommt es in einer Vielzahl von ganz gewöhnlichen Worten vor: Das „Wetter“ ist beispielsweise wörtlich das „Himmels-Qi“ *(tian-qi),* die „Stimmung“ ist die „Qi-Ausstrahlung“ *(qi-fen),* das „Temperament“ ist die „Qi-Konstitution“ *(qi-zhi),* und der „Gestank“ ist das „übelriechende Qi“ *(chou-qi).* Es gibt auch eine Kunst, mit dem Qi umzugehen: das inzwischen immer mehr auch im „Westen“ trainierte *Qi-gong* oder die „Qi-Übung“. Indem in der altchinesischen Vorstellung alles aus Qi ist, ist Qi auch in allem wirksam. Qi ist im Körper und im „Geist“, in der Landschaft, im Himmel und im Kosmos, es ist in Kunstprodukten wie Gemälden und Gedichten, es ist in Häusern und Gärten, in zwischenmenschlichen Beziehungen wie auch im Kampf und im Krieg. Es ist, wie gesagt, eine Art Universalmedium, eine Art Energie, in der alles, was geschieht, sich ereignet.

Yin und Yang als die beiden Rubriken der Ordnung, die den Rhythmus allen Geschehens gliedern, sind die beiden Grundformen, in die das Qi sich teilt, sie werden auch die „zwei Qi“ *(er qi)* genannt. Wenn das „Yin-Qi“ und das „Yang-Qi“ sich harmonisch mischen, wie in *Laozi* 42 beschrieben, dann eben herrscht Harmonie. Wenn im „Grundmedium“ Ordnung herrscht, wird die Welt blühen. So muss man überall darauf achtsam sein, dass die Energien des Qi gemäß den Rubriken des Yin und Yang in einem förderlichen und nicht zerstörerischen Verhältnis zueinander stehen. Das ist beispielsweise wichtig bei der Kultivierung des Körpers. Insofern ist besonders in der Praxis der daoistischen Religion das *Atmen* von besonderer Bedeutung. Das Qi (als „Luft“ und „Energie“) wird durch Atemtechniken im Körper harmonisiert. Die daoistische Qi-Übung ist daher oft eine Atemübung, durch die man den Körper zu einem wohlfunktionierenden, rhythmischen Geschehensprozess machen möchte, in dem das Qi perfekt zirkuliert. Solche oder ähnliche Praktiken wurden offenbar auch schon zur Zeit der Entstehung des *Laozi* geübt. Manche Textstellen legen dies jedenfalls nahe, zum Beispiel die folgende aus Kapitel 10:

Wenn du das Qi konzentrierst und die Weichheit erreichst,
kannst du dabei dem Kind gleichen?

Hier wird wiederum das Bild des („weichen“ – und damit dem Wasser und der Weiblichkeit entsprechenden) Kleinkindes verwendet als Bild eines Organismus, der einen Idealzustand höchster „Konzentration“ tatsächlich verkörpert. Die angesprochene „Konzentration“ ist nun keine geistige, sondern eine des Qi, der Energie oder des „Grundmediums“, das man etwa durch richtiges Atmen im eigenen Körper in einen optimalen, harmonischen und rhythmischen *Kreislauf* um ein Zentrum (das Herz) herum bringen kann. Die „Konzentration“ um das Herz als das die Organe und die Körperfunktionen beherrschende Zentrum erfolgt jedoch nicht gewaltsam. Auch hier, im Bereich des Körperlichen, wird „gehandelt, ohne zu handeln“ *(wei wu wei).* Das Herz und das „konzentrierende“ Atmen lassen das Qi sozusagen von selbst den idealen Rhythmus finden. Kapitel 55 im *Laozi* sagt:

Zwingt das Herz die Qi-Energie, das heißt: Gewalt.

Die daoistische Qi-Übung geht nicht gewaltsam vor. Körperkultivierung und „Weltkultivierung“ werden nicht erzwungen, sondern eher durch „Heraushalten“ bewirkt. Das Kleinkind ist ein Bild dieser Haltung oder Einstellung, weil auch es noch nicht zwingend über seinen Körper oder seinen Geist als den seinen verfügt. Es lässt die Qi-Energie ihren Weg nehmen. Ebendies versucht auch die daoistische Atemtechnik und die Qi-Übung.

Das Qi ist die eine Energie, das Universalmedium, in dem alle „zehntausend Dinge“ miteinander verkehren und sich bewegen. Das heißt, es ist, wenn man so will, der Horizont des Dinglichen oder des Natürlichen, es durchdringt alles, was existiert, und begrenzt dadurch auch in einem gewissen Sinne den Bereich der zehntausend Dinge. Alles, was als Ding eine Gestalt hat und sich verhält oder ereignet, nimmt seine Gestalt durch das Qi an und ereignet sich „im“ Qi. Als das Medium der Welt aller Dinge, Formen und Ereignisse ist das Qi damit aber auch das Medium des Zweigeteilten, denn in der Welt der Dinge ist ja alles nach den Rubriken Yin und Yang zweigeteilt: Die Welt besteht aus Hellem und Dunklem (aus Tagen und Nächten, Sonne und Mond), aus Weiblichem und Männlichem, aus Wachsen und Vergehen. Das Yin-Qi und das Yang-Qi sind die Elemente dieser Teilung. Die Welt des Qi ist damit zugleich die Welt von Yin und Yang und die Welt der Zweiheit, sie ist die Welt all dessen, was es gibt *(you).* Das, was es gibt, was in einer Gestalt und als ein Ereignis existiert, existiert auf eine bestimmte Weise und in einer bestimmten Form. Deswegen ist alles, was es gibt, auch gewissermaßen voll, es hat eine bestimmte Eigenschaft und Qualität und ist deshalb nicht leer.

Der Unterschied zwischen „leer" und voll" ist zugleich der Unterschied zwischen dem, was es gibt, also was „da" ist oder „präsent" *(you),* und demjenigen, was nicht da ist, also „nicht-präsent" *(wu).* Hier kann man wieder an die Bilder des Blasebalgs oder des Rades oder des Tales denken: Die Fülle dessen, was da ist, wird jeweils durch eine leere Mitte, durch eine Nicht-Präsenz getragen: Inmitten des „vollen" Blasebalgs ist die Leere, inmitten der Hügel ist die Leere des Tales gewissermaßen „nicht-da". Der Bereich der Zweiheit (der eben der Bereich des Yin und Yang, des Qi, der Bereich der in „Männliches und Weibliches", „Helles und Dunkles" geteilten „zehntausend Dinge" ist) ist verankert in einer Einheit – die *leer* ist. Dafür steht im Chinesischen der Begriff des *wu* – die Leere oder das „Nichts", oder wie ich lieber sage: die „Nicht-Präsenz", die allem, was „voll" ist und was es „gibt" *(you),* innewohnt. Die Welt der Fülle, des Qi, des Yin und Yang als die Welt der zehntausend Dinge beruht auf dem Nichts des *wu.* Deshalb ist auch das *Nicht*-Handeln *(wu wei)* die „Wurzel" des idealen *Handelns (wei).* Diesen Zusammenhang zwischen Leere und Fülle, zwischen Nicht-Präsenz und Präsenz stellt das 40. Kapitel des *Laozi* in zwei knappen Sätzen fest:

Die Dinge der Welt gehen hervor aus der Fülle.
Die Fülle geht hervor aus der Leere.

Die „Dinge der Welt", von denen es im 42. Kapitel, wie wir sahen, hieß, dass sie sich nach Yin und Yang und durch das Qi in Harmonie zu gliedern vermögen, sind offenbar nicht der ganze Kosmos: Außer der Fülle, vor der Zweiteilung, gibt es noch eine Einheit, und die ist *leer*. So wie das Kleinkind noch gewissermaßen „geschlechtsleer" ist und lediglich reine „Potenz", so ist auch die Leere noch nicht Yin oder Yang, noch nicht im Element des Qi. Die Welt der Fülle ist, wie es die Bilder des Blasebalgs, des Rades und des Tales deutlich zeigen, durch die Leere zur „einen" Welt, zum funktionierenden Ganzen zusammengeschlossen. Dieses Verhältnis zwischen Fülle und Leere leitet uns wieder zum 42. Kapitel des *Laozi* zurück, genauer gesagt zu dessen „rätselhaftem" Anfang:

Das Dao bringt die Einheit hervor.
Die Einheit bringt die Zweiheit hervor.
Die Zweiheit bringt die Dreiheit hervor.
Die Dreiheit bringt die zehntausend Dinge hervor.

Die Einheit ist die leere Mitte des Dao (die Nabe im Rad, die Leere des Tales zwischen den Hügeln usw. – und auch die des nicht-handelnden Herrschers inmitten der handelnden Gesellschaft). Sie ist die Grundlage, die die Zweiheit in ein rhythmisches Beieinander fügt. Oben und Unten im Rad wechseln sich harmonisch ab um die leere Mitte herum. Das Auf und Ab des Blasebalgs geschieht durch die Leere darin. Und der daoistische Atemtechniker „konzentriert" den Kreislauf des Qi um sein leeres Herz. So bringt die leere Einheit (der erste Aspekt des Dao) die Zweiheit hervor. In der Zweiheit, in der Welt des Qi, des Yin und Yang, blüht nun alles auf, was es gibt. Die Einheit (der Leere) zusammen mit der Zweiheit (des Rhythmus von Yin und Yang) bringt somit die Dreiheit hervor – die Vielfalt alles Existierenden. Diese Dreiheit ist eben die Vielheit der zehntausend

Dinge, die, wie es eben das 42. Kapitel des *Laozi* sagt, durch die Ordnung von Yin und Yang und durch die „vermischende Qi-Energie" zur Harmonie finden.[15]

Die Grundstruktur des daoistischen Idealgebildes, sei es ein Körper, ein Staat oder der Kosmos, sei es ein Rad, ein Blasebalg oder ein Krug, besteht also aus einer leeren Mitte und einer wohlgeordneten, auf Grundlage von Zweiheit sich ergänzenden Fülle. Diese Er*gänz*ung stellt nun – neben der leeren Mitte, dem Geschehenszentrum – den zweiten, umfassenderen Aspekt des Begriffes „Dao" dar: Es ist die ganze, wohlgeordnete und effektiv funktionierende Geschehenseinheit, die auf den *Weg* gebrachte Harmonie, der perfekte Weg des Werdens und Vergehens. Die innere Geschehenseinheit, das leere Zentrum, führt eine ideale äußere Geschehenseinheit und Integration herbei. Beide Aspekte der Einheit sind Aspekte des Dao. Das Dao ist die *Einheit* und als solche ist es zugleich *Leere* und *Totalität*. Die Eins ist die Zahl, die sowohl die Leere und das Zentrum als auch das darum herum angeordnete Ganze symbolisiert. Dieser doppelten Einheit gemäß gestaltet sich die ganzen Welt, ihrem „Weg" folgt alles, was gut funktioniert – und dies eben erklärt Kapitel 39 des *Laozi*:

Von denen die einst die Einheit erhielten:
Der Himmel erhielt die Einheit – zur Klarheit.
Die Erde erhielt die Einheit – zur Ruhe.
Die Geister erhielten die Einheit – zur Geisterkraft.
Die Flusstäler erhielten die Einheit – zur Fülle.
Fürsten und Könige erhielten die Einheit – um der Welt das Rechte zu schaffen.

Der Himmel und die Erde, die Menschen und Geister- (oder: Ahnen-) Welt, die Natur – alle diese Geschehenszusammenhänge sind durch die Einheit geordnet. Die innere Geschehenseinheit, das Flusstal zwischen den beiden Hügeln oder der Herrscher zwischen den Menschen „links und rechts" um ihn herum (als die „Linken und Rechten" zur Seite des Herrschers bezeichnete man seine Minister oder Untertanen), bewirkt die äußere Geschehenseinheit des Zweigeteilten. Die Einheit des Dao erstreckt sich über das Zweigeteilte. Kapitel 34 sagt:

Das Dao –
Wie es fließt!
Links und rechts kann es sein.

Das Dao (das hier wieder mit einer ans Wasser angelehnten Bildlichkeit des Fließens beschrieben wird) erstreckt sich über alles Zweigeteilte und nimmt dessen Beieinander zur Gänze in sich auf.

So kann das Dao genauer als die Einheit jeglichen gelingenden Geschehens in doppelter Hinsicht verstanden werden, als Mitte und All. Wenn nun ein Geschehen nach dem Weg des Dao zu Wege gebracht worden ist, dann entfaltet es eine ideale Wirksamkeit, eine besondere „Kraft"; und diese „Kraft" wird eben in dem Titel benannt, den das Buch *Laozi* später erhielt: Es wurde als das *Dao-De-Jing* bezeichnet, als der Klassiker vom Dao und (dessen) „Kraft" (De). Das De ist die Wirkkraft, die von dem ideal gestalteten Vorgang ausgeht. Sie wird in vielen Kapiteln des *Laozi* beschrieben oder zumindest benannt. Eines davon ist Kapitel 54. Hier wird, in lockerer Anknüpfung an das gerade vorher zitierte Kapitel 39, in dem von der Einheit so vieler Geschehensbereiche gesprochen wurde, nun erklärt, wo sich überall die „Kraft" entfalten kann, wenn nur eine dem Dao entsprechende Ordnung eingerichtet oder, wie es heißt, „kultiviert" wird:

Erreicht die Kultivierung den Leib,
wird die Kraft echt.
Erreicht die Kultivierung die Familie,
wird die Kraft üppig.
Erreicht die Kultivierung die Dorfgemeinschaft,
wird die Kraft dauerhaft.

Erreicht die Kultivierung den Staat,
wird die Kraft reich.
Erreicht die Kultivierung die Welt,
wird die Kraft weit.

Die „Kraft“ oder das De kann überall dort zur Geltung kommen, wo das Dao eingerichtet ist. Dies beginnt am eigenen Leib und erstreckt sich von da aus über die Familie und die ganze Gesellschaft bis hin in kosmische Dimensionen. (Dieselbe Vorstellung der „Kultivierung“, die am eigenen Leib beginnt und sich dann in konzentrischen Kreisen schließlich über die ganze Welt und das All hin ausdehnt, ist auch im Konfuzianismus von großer Bedeutung.) Der Herrscher etwa entfaltet seine Wirksamkeit im Staat durch die Ausstrahlung seines „Prestiges“ oder seines „Charismas“ (oder auch, wie manchmal in Anlehnung an die lateinische Grundbedeutung *virtus* angelehnt übersetzt wird: seiner „Tugend“), das eben auch wieder als *De* bezeichnet wird. Das *De* ist die Aura, die ein optimaler Vorgang ausstrahlt. Das *De* ist damit auch eine Art besonderer Gabe im doppelten Wortsinne (ein Geschenk und eine Fähigkeit), die dasjenige *erhält*, was dem Weg des Dao folgt. In diesem Sinne wird im *Laozi* manchmal mit den im Chinesischen gleichlautenden (aber mit unterschiedlichen Schriftzeichen geschriebenen) Worten „Kraft“ (De) und „erhalten“, „bekommen“ *(de)* gespielt. So war ja oben in Kapitel 38 davon die Rede, dass Himmel, Erde usw. die Einheit (des Dao) „erhalten“ haben, um auf diese Weise gut zu funktionieren. Was das Dao als die Doppelgestalt der Einheit (innere und äußere Einheit) erhält oder bekommt *(de),* das wird gerade deshalb auch die Wirk*kraft* (De) besitzen. Auch das 23. Kapitel des *Laozi* spielt mit der Homophonie von *de* im Sinne von „erhalten“ oder „bekommen“ (bzw. „nehmen“, wie ich dasselbe Wort im Folgenden übersetzt habe, um den komplementären Bezug zu „geben“ klar werden zu lassen) und De im Sinne von „Kraft“, wenn dort gesagt wird:

(...)
der Vorgang stimmt ein mit dem Dao,
der Nehmer stimmt ein mit dem Nehmen,
der Geber stimmt ein mit dem Geben.

Dieses Geben und *Nehmen (de)* im perfekten zweigeteilten Vorgang (von dem auch schon im vorigen Abschnitt über die Sexualität in Bezug auf das *Laozi* 23 gesprochen wurde) ist eben der Ausdruck des „eingestimmten" Dao oder des harmonischen Weges. Wo dieses Geben und Nehmen sich vollzieht, da wirkt das De des Dao. Das Dao wird seine Kraft überall dort zur Geltung bringen, wo die Zweiheit in ein fruchtbares Wechselspiel eingebunden ist. Deshalb sagt Kapitel 60 des *Laozi* über den Herrscher, der „gemäß dem Dao" in der Welt allem seinen Platz zuweist:

Nun,
zwei schaden einander nicht.
Also überträgt sich die Kraft und kehrt zu ihm um.

Der ideale Herrscher vermag es, im Einklang mit dem Dao Ordnung in der zweigeteilten Welt zu schaffen, so dass sich die komplementären Elemente nicht schaden, sondern vielmehr fruchtbar zusammenwirken. Und auf diese Weise „überträgt sich die *Kraft*". Das De wirkt so als „Kraft" auf den Herrscher, der durch das Dao herrscht, zurück, und er *erhält (de)* es als seine besondere *Gabe* und als sein besonderes *Prestige* oder seine „Tugend" (De).

In seiner weitesten Dimension umfasst das Dao mit seiner Wirkkraft De schlicht alles, eben das All. Die Bezeichnung dafür lautet im Altchinesischen *tian* – und dieser Ausdruck wird in der Regel mit „Himmel" übersetzt. Es ist wichtig zu wissen, dass „Himmel" oder *tian* in dieser Verwendungsweise nicht allein für den wirklichen Himmel über uns (was aber die Grundbedeutung von *tian* ist, im Sinne des englischen Wortes *sky*) steht, sondern gewissermaßen als *pars pro toto* für den gesamten Kosmos. Der altchinesische erweiterte Begriff des Himmels bleibt dabei grundverschieden vom christlichen Himmel (englisch: *heaven*), denn er meint nicht den *jenseitigen* Wohnort Gottes, nicht ein Himmelreich, das von der irdischen Welt „abgehoben“ ist, er bezeichnet vielmehr, wie gesagt, das das Irdische in sich enthaltende All.

Die genauere philosophische Bedeutung von *tian* oder „Himmel“ beschreiben Roger T. Ames und Henry Rosemont (in einem hervorragenden Kurzlexikon zu wichtigen philosophischen Begriffen im alten China, das in der Einleitung zu ihrer Übersetzung der *Gespräche des Konfuzius* enthalten ist) so: „*Tian* bezeichnet sowohl *was* unsere Welt ist als auch *wie* sie ist. Die ‚zehntausend Dinge‘, ein Ausdruck für ‚alles‘, sind nicht Geschöpfe eines *tian,* der unabhängig wäre von allem, was durch ihn geordnet ist: sie sind vielmehr das, was den *tian* konstituiert. *Tian* ist sowohl der Schöpfer als auch das Feld der Geschöpfe. Es gibt keinen sichtbaren Unterschied zwischen der Ordnung selbst und dem, was die Ordnung schafft.“[16] Dementsprechend ist in der altchinesischen Philosophie der Himmel die der Anordnung der „zehntausend Dinge“ innewohnende Regelmäßigkeit, nach der diese sich zueinander verhalten, das Muster, durch das sie aufeinander bezogen sind und das sie aufweisen und hervorbringen. Der „Himmel“ ist in diesem spezifischeren Sinne die Ordnung des Alls, aber nicht als eine Ordnung, die dem All vorausgeht, sondern als eine dem All immanente Ordnung. Diese Ordnung zeigt sich am sichtbaren Himmel etwa im regelmäßigen Lauf der Himmelskörper, und sie zeigt sich auch durch den einem regelmäßigen Muster folgenden Verlauf der Jahreszeiten. Der Himmel ist deshalb nicht bloß ein Raum im Sinne von „Weltraum“, er ist vielmehr vor allem ein *Geschehen;* er ist das Weltall nicht im Sinne einer Ausdehnung, sondern im Sinne einer Art Mechanik.

Dem Himmel zugehörig ist all das, was, wie es im Altchinesischen wörtlich heißt, „unter dem Himmel“ *(tian-xia)* ist. *Tian-xia* wird dementsprechend oft einfach mit „Welt“ übersetzt. Diese „Welt“ ist die in die Mechanik des Himmels eingebundene konkrete Welt als die unsere. Die menschliche Gesellschaft macht einen wesentlichen Teil dieser unserer Welt aus, die sich „unter dem Himmel“, also unterhalb der am Himmel manifestierten Ordnung befindet. Die Welt im Sinne von *tian-xia* ist all jenes Geschehen auf der Erde, das sich in seiner Ordnung der Ordnung des Geschehens am Himmel – und das heißt: dem Lauf der Gestirne, dem Wechsel von Tag und Nacht, dem Verlauf der Jahreszeiten – einfügt.

Im *Laozi* wird nun, wie in der altchinesischen Philosophie generell, empfohlen, dem Himmel nicht „unter dem Himmel“ zuwider zu handeln. Es wird vor einem Handeln gewarnt, das der Anordnung und dem natürlichen Verlauf der Dinge entgegenwirkt. Ein solches Handeln wird scheitern, während umgekehrt ein dem Himmel angepasstes Handeln zum Erfolg führen wird. Kapitel 68 sagt:

Das heißt: „Dem Himmel entsprechen!“
Es ist das Höchste des Altertums.

Dem Himmel zu „entsprechen“ heißt, sich in seinen Tätigkeiten behutsam zu verhalten. Das ist die Kunst, die schon in den legendären Zeiten des Altertums beherzigt wurde, und auf sie gilt es nun wieder zurückzukommen. Die Ordnung des Himmels ist einfach da, sie geschieht, und das menschliche Verhalten muss sich dieser nur „schonend“ einordnen, wie es *Laozi* 59 zum Ausdruck bringt:

Um die Menschen zu regieren,
um dem Himmel zu dienen,
kommt nichts der Schonung gleich.

Die Ordnung des Himmels ist nichts anderes als das Dao des Himmels, der „Weg“ des Himmels. Man fügt sich „unter dem Himmel“ diesem schonend ein, weil ja auch der Himmel schonend vorgeht und seine Bahn nicht willentlich einschlägt, sondern eben ganz selbstlos das Geschehen vollzieht. Im Dao oder dem Weg des Himmels wirkt kein zentraler Antrieb, keine Orientierung auf ein bestimmtes Ziel hin – das Dao ist vielmehr, wie oben gesagt wurde, in einer „Nicht-Präsenz“, und das heißt auch in einer Absichtslosigkeit, verankert. Wenn alles Selbstische aus dem Zentrum verschwunden ist, dann nimmt der Vorgang darum herum seinen idealen Lauf. Und dies ist eben auch das „Dao des Himmels“. Kapitel 9 im *Laozi* schließt mit den Worten:

Sich selbst zurückziehen,
wenn das Werk vollbracht wird:
Das ist das Dao des Himmels.

Das Dao des Himmels als das Dao in seiner weitesten Dimension funktioniert dort ebenso wie auch „im Kleinen“ auf Grund der Strategie des „Handelns, ohne zu handeln“ *(wei wu wei).* Tatenlosigkeit und Intentionslosigkeit im Zentrum wird auf schonende Weise effektives Handeln hervorbringen und geschehen lassen. Kapitel 73 gibt dafür einige Beispiele:

Das Dao des Himmels:
Ohne zu kämpfen, taugt es für den Sieg,
ohne zu sprechen, wird ihm gut entsprochen,
ohne zu rufen, kommt man doch von selbst herbei,
gelassen bleibend taugt es doch dazu,
Maßnahmen vorzubereiten.

Das Dao des Himmels zeigt, wie man sich verhalten muss, damit man zum Erfolg kommt. Wenn man sich dessen Struktur und Ordnung einfügt und „gelassen bleibt“, wird man dadurch das Geschehen sich selbst vollziehen lassen. Ohne störende Eingriffe nehmen die Gestirne und die Sonne und der Mond ihren Lauf. Man fügt sich diesem Lauf und dieser Ordnung, indem man auch „unter dem Himmel“ störende Eingriffe unterlässt.

Das Dao des Himmels geschieht willenlos und selbstlos, aber es geschieht dennoch, wie oben schon gesagt, *rhythmisch.* Das „ziellose“ Aufeinanderfolgen von Tag und Nacht, von Frühjahr, Sommer, Herbst und Winter ist dennoch ein harmonisches. In seinem Verlauf waltet gewissermaßen ein permanenter Ausgleich der Kräfte. Was wächst, vergeht wieder, auf einen Abschnitt der Helligkeit folgt einer der Dunkelheit, auf Wärme folgt Kälte. Diese ausgleichende Harmonie im willenlosen Lauf des Dao des Himmels beschreibt *Laozi* 77:

Das Dao des Himmels gleicht dem Spannen eines Bogens:
Was hoch ist, wird gedrückt,
was tief ist, wird gehoben.
Wo zu viel ist, da wird genommen,
wo (etwas) fehlt, da wird ergänzt.

Das Spannen des Bogens demonstriert jene Bewegung des harmonischen Ausgleichs, indem die angezogene Sehne sich wieder entspannt. Man kann auch hier wieder an das Bild des Rades denken, dessen Lauf sich ja dadurch ergibt, das oben und unten, links und rechts ständig ihre Plätze wechseln. Das Hohe und das Tiefe wechseln im Verlauf des Geschehens einander harmonisch ab. Der Lauf der Dinge schafft Ausgleich. Und dieser Ausgleich ist letztlich für alles von Vorteil, wie Kapitel 81 betont:

Das Dao des Himmels nützt,
ohne zu schaden.

Das Dao des Himmels, das allem nützt, ohne zu schaden, umfasst damit *Himmel und Erde (tian di).* Der Himmel als das All oder als die Mechanik oder die Ordnung des Alls schließt den physischen Himmel (im Sinne von *sky*) als dasjenige, was im All oben ist, und die Erde als dasjenige, was im All unten ist, ein. Damit ist das Dao des Himmels auch zugleich das Dao von Himmel und Erde. Und in diesem Zusammenhang – auch dies wurde oben schon ausführlich beschrieben – ist natürlich auch der Aspekt der Fruchtbarkeit von großer Wichtigkeit. Denn Himmel und Erde sind ja nicht nur eine rein maschinelle Mechanik, sie sind vor allem ein fruchtbarer „Organismus". Das Dao des

Himmels als Dao von Himmel und Erde ist ein Prozess des fruchtbaren Miteinanders, ein Prozess, der aber wieder absichtslos vollzogen wird. Es ist eine kontinuierliches, selbstloses Geschehen, wie *Laozi* 7 es darstellt:

Der Himmel ist dauerhaft.
Die Erde ist langwährend.
Der Grund, warum Himmel und Erde
dauerhaft und langwährend zu sein vermögen,
ist, dass sie nicht für sich selbst leben.
Daher können sie dauerhaft leben.

Himmel und Erde sind völlig ohne Interessen, sie verfolgen keine Zwecke, sie „leben nicht für sich selbst". Diese völlige „Zwecklosigkeit" ermöglicht ihren schonenden und gleichzeitig fruchtbaren Umgang miteinander, wodurch dieser Umgang zu einem völlig reibungslosen wird. Weil nun dieser Umgang so reibungslos ist, wird er auch dauerhaft – es tritt keinerlei Energieverlust dabei auf. Wo kein Reibungswiderstand ist – der etwa durch gegensätzliche und gegeneinander wirkende Interessen verursacht werden könnte –, da reiben sich die beiden Geschehenselemente in ihrem rhythmischen Wechsel und Kontakt auch nicht aneinander auf und können gerade deshalb dauerhaft bestehen.

Das kosmische Geschehen ist ein unaufhörlicher Ablauf einer harmonischen Ordnung, ein permanenter Prozess, der sich vom All, von Himmel und Erde hinab bis in die Menschenwelt und in den Körper hinein nach derselben Grundstruktur des Dao gestaltet. Makrokosmos und Mikrokosmos bilden eine Einheit, sie folgen demselben „Weg". Das 25. Kapitel des *Laozi* beschreibt, wie diese Einheit von oben nach unten und von unten nach oben zusammenhängt:

Das Dao ist groß.
Der Himmel ist groß.
Die Erde ist groß.

Der König ist auch groß.
Im Staat gibt es vier Größen –
Und der König besetzt die Einheit darin.
Dem Mensch ist die Erde Gesetz.
Der Erde ist der Himmel Gesetz.
Dem Himmel ist das Dao Gesetz.
Dem Dao ist der eigene Lauf (ziran) *Gesetz.*

Das Dao ist die allgemeine Geschehenseinheit, in sie ist der Himmel, das All eingebunden, beziehungsweise der Himmel als das All funktioniert als der Vollzug des Dao. Der Himmel wiederum umfasst auch die Erde – Himmel und Erde gestalten ihr Miteinander eben nach dem Dao des Himmels. In der Menschenwelt „unter dem Himmel" liegt es am Herrscher oder am „König", dieselbe natürliche Geschehensordnung zur Geltung zu bringen. „Im Staat" muss deshalb „der König" in der Mitte „die Einheit" besetzen, jene innere Geschehenseinheit im Sinne des Dao. Wenn er dies der Strategie des Dao gemäß tut, nämlich „ohne zu handeln", also schonend und ohne selbstische Interessen, dann nimmt er sich tatsächlich „die Erde zum Gesetz", dann folgt er dem Geschehen in der Natur, dann verhält er sich etwa wie die Wurzel in der Erde. Die Erde wiederum, die alle Gewächse hervorsprießen lässt, ohne selbst zu handeln, folgt wiederum dabei nur dem Himmel, an dem die Himmelskörper ihre regelmäßigen Bahnen ziehen und an dem Tag und Nacht rhythmisch einander folgen. Der Himmel aber tut selbst zu diesem Geschehen nichts hinzu, auch er nimmt sich das Dao zum Gesetz, das Fülle in Leere verankert, das Effektivität in Nicht-Eingreifen verwurzelt. Das Dao aber nimmt sich gar nichts zum Gesetz, ihm ist der „eigene Lauf", das, wie es wörtlicher heißt, „Von-selbst-so-sein" oder „Von-selbst-so-geschehen" (chinesisch: *ziran*) die Regel, nach der es sich verhält. Das Dao als das Muster oder die Struktur des idealen Geschehensvollzugs ist kein vorgegebener Plan, es ist einfach das Muster, nach dem die natürlichen Prozesse „von selbst" geschehen oder ablaufen. Das kosmische Gesetz ist gar kein Gesetz oder Prinzip, nach dem die

Welt ursprünglich eingerichtet ist, es ist das schlichte Muster, nach dem das, was geschieht, von selbst so geschieht, wenn man es nur geschehen lässt.

Der perfekte Herrscher vermag es, die innere Geschehenseinheit des Dao zu verkörpern und der Gesellschaft die leere, tatenlose Mitte zu sein. So gibt er ihr die äußere Geschehenseinheit und alles wird sich von-selbst-so *(ziran)* entfalten. Das beschreibt *Laozi* 64, wenn es über der daoistischen „Heiligen" *(sheng ren)* sagt:

Er vermag es,
den eigenen Lauf (ziran) *der zehntausend Dinge*
zu unterstützen,
und wagt doch nicht zu handeln.

Die Kunst des Herrschens, gleich ob im Bereich des Körperlichen, des Politischen oder des Kosmischen, ist eine Kunst des Beherrschens im doppelten Sinne: Wenn man „sich beherrschen kann" und sein eigenes Selbst, seine selbstischen Bestrebungen eliminiert, dann beherrscht man damit die Kunst des Dao, nämlich die Kunst des *ziran* als Kunst des „Von-selbst-so-geschehen-Lassens". Die Wirkung dieses Beherrschens durch den, wie es heißt, „Besten der Herrscher" illustriert das 17. Kapitel des *Laozi:*

Man vollbringt das Werk,
man folgt der Berufung –
und die Leute meinen:
„Es geschieht uns von selbst (ziran)."

Nach dem „eigenen Lauf" oder dem „von-selbst-so-Geschehen" richtet sich das Dao im Kosmos und mit ihm der Beste der Herrscher in der Gesellschaft. Wenn der Herrscher sich dementsprechend verhält, nehmen alle in der Gesellschaft die ihnen gemäßen Plätze ein und verrichten die ihnen gemäßen Aufgaben, so wie ja auch die Himmelskörper ohne Zwang oder Druck und ohne eine Gesetzesvorlage ihre Aufgaben erfüllen, nämlich ihre Bahnen am Himmel ziehen. Und wenn dies geschieht, werden die Menschen in der Gesellschaft ebenso wie die Himmelskörper im Kosmos keine Anstrengung spüren, sie gehen ja nur dem nach, was das Ihrige ist. Alle folgen ihrer jeweiligen „Berufung", und das geschieht ohne Mühe. Diese „Leichtigkeit des Seins" lässt die Menschen unter der Beherrschung durch den „Besten der Herrscher" empfinden, dass alles „wie von selbst" geht. Dies ist die Wirkung des *ziran:* Das Geschehen in der menschlichen Gesellschaft wird wie das der Gestirne zu einem „Selbstläufer".

Die unmittelbare Verzahnung des politischen Geschehens mit dem kosmischen Geschehen wird durch das *ziran* bewirkt. Der politische und der kosmische Geschehensprozess funktionieren als eine Art *perpetuum mobile,* als ein Gerät, das ohne Anschub läuft und das niemals aufhört zu laufen, weil es keine Widerstände hat und weil ihm nichts widerstrebt. Es ist das völlig eingestimmte, harmonische Geschehen, das seine „Kraft" ohne jegliche Opposition von selbst produziert. Kapitel 51 im *Laozi* stellt diesen Zustand so dar:

Gerade daher
ehren die zehntausend Dinge das Dao
und schätzen die Kraft.
Die Verehrung des Dao,
das Hochschätzen der Kraft:
keiner wird dafür ausgezeichnet
und stets entsteht es von selbst (ziran).

Die zehntausend Dinge „ehren" das Dao, so wie die Menschen den Besten der Herrscher schätzen, denn das Dao lässt alles so sein, wie es von-selbst-so ist, das heißt, wie es seiner jeweiligen Stellung im Kosmos oder in der Gesellschaft entspricht. Deswegen entfaltet sich die „Kraft" (De) ungestört, sei es im Staat oder sei es im All, und sie entsteht ebenfalls wieder „von selbst".

Die daoistische Kosmologie kann in Bezug auf das Konzept des *ziran* (im Sinne von „Von-selbst-so-Geschehen" oder „eigener Lauf") durchaus als eine *autopoietische* verstanden werden.[17] „Auto-poiesis" ist ein Neologismus, der aus den beiden altgriechischen Worten *autos* für „selbst" und *poiesis* für „Erschaffung" zusammengesetzt ist und bedeutet daher einfach Selbst-Erzeugung oder Selbst-Erschaffung – und ist somit das Gegenteil von einer Erzeugung durch einen externen Erzeuger. Deshalb mag man das daoistische Modell des Kosmos als eine archaische Variante der Autopoiesis verstehen. Denn im *Laozi* nimmt das Dao nur den „eigenen Lauf" und damit nichts anderes als sich selbst zum Gesetz. Die Ordnung des Kosmos geht auf sich selbst zurück, nicht auf einen diese Ordnung künstlich und von außen herstellenden Erfinder. In diesem Sinne ist das daoistische Denken kein Denken eines absoluten Ursprungs oder metaphysischen Prinzips, kein Denken eines bestimmten Anfangs, der allem vorausgeht.[18] Was ist, ist von selbst so, wie es ist, oder besser: Was geschieht, das geschieht von selbst so, wie es geschieht.

Indem die Wirkung des Dao und damit aller effektiv funktionierenden Geschehensordnungen auf deren autopoietische, sich von selbst erschaffende Struktur zurückgeführt wird, wird nicht nur die Kosmologie des *Laozi* zu einer autopoietischen, sondern auch die politische Herrschaftslehre oder die Lehre von der Körperkultivierung. Was nun die kosmologischen Aspekte angeht, so unterscheidet sich der autopoietische Ansatz des *Laozi* doch recht scharf von in der „alteuropäischen" Tradition maßgeblich gewordenen Kosmologien, die von der Existenz eines die Schöpfung mehr oder weniger in die Hand nehmenden Schöpfers ausgehen, welcher selbst außerhalb und vor der von ihm geschaffenen Welt steht.

In der jüdisch-christlichen Tradition wird ein Schöpfergott vorgestellt, der die Welt aus eigener Kraft und eigenem Willen begründet. Im *Alten Testament* wird die Geschichte der Erschaffung der Welt Schritt für Schritt geschildert, bis hin zur Erschaffung des Menschen „zum Bilde Gottes" (1. Mose 1). Offenbar entspringt die Welt hier dem Plan Gottes. Gott scheint zu wissen, was Er tut, und Er geht sogar nach einem bestimmten Zeit*plan* vor. Auch wenn dann später vor allem die Menschen sich nicht immer so verhalten, wie es Gott gefällt, so hat Er doch stets die Macht, von außen in das Weltgeschehen einzugreifen und notwendige Korrekturen vorzunehmen, insofern Ihm dies angemessen erscheint. Im *Laozi* ist nichts dergleichen zu finden. Das Dao oder der Himmel bauen die Welt hier nicht planmäßig auf, sie bauen sie überhaupt nicht auf: Und das Dao oder der Himmel als das All nehmen auch keinen Einfluss auf das Weltgeschehen, ja vielmehr genau das Gegenteil ist die daoistische Strategie: Gerade vom Nicht-Eingreifen verspricht man sich, dass dadurch alles seine ihm entsprechende Position und Rolle im Gesamtgeschehen „von selbst" einnehmen wird.

In einer Platonischen Version einer nicht-autopoietischen Weltschöpfung sehen wir einen sogenannten *Demiurg* zu Werke gehen. Dieses altgriechische Wort bezeichnet einen „Werkmeister" (so übersetzt Friedrich Schleiermacher), einen freischaffenden Künstler und Handwerker sozusagen, der nach seinen Ideen und Vorstellungen praktische und durchdachte Dinge aus bloßem Material herstellt. Er verwandelt, um einmal in Anlehnung an die Heideggersche Terminologie zu sprechen, Vorhandenes in Zuhandenes. In den Werken des Aristoteles begegnet man einer dritten nicht-autopoietischen Kosmologie. Hier geht alles, was es gibt, also der gesamte Kosmos mit allem, was darin enthalten ist, auf einen „unbewegten Beweger" zurück.

Die im *Laozi* enthaltene Kosmologie des *ziran* ist von vielen jüdisch-christlichen und altgriechischen Kosmologien dadurch unterschieden, dass sie ohne einen Schöpfungsakt oder eine Schöpfungsinstanz auskommt. Das Dao kann nicht vor oder außerhalb des Geschehens operieren. Und es verfolgt keinen Zweck, kein Ziel, keine Absicht, es ist nicht-teleologisch konzipiert. Das Dao ist kein äußerlicher Ursprung des Kosmos, es wirkt im Kosmos, solange der Kosmos diesem „Weg", der sein eigener ist, folgt.

IV. Menschen und Menschenführung

Der *Laozi* ist gewiss kein humanistisches Buch, und die daoistische Philosophie ist gewiss nicht humanistisch. Das heißt zunächst einmal, dass weder das daoistische Denken im Allgemeinen noch der *Laozi* den Menschen als das Maß aller Dinge ansehen; der Mensch ist vielmehr nur ein Teil im immer wieder thematisierten Gesamtzusammenhang von Himmel und Erde. Er ist darin nichts eigentlich Besonderes, nicht das Geschöpf eines Gottes nach dessen eigenem Bilde. Deshalb kommt dem Menschen im Daoismus auch keine besondere *Würde* zu, er ist kein einzigartiges oder ausgezeichnetes Wesen innerhalb einer *Schöpfung,* die er sich etwa zum Untertan zu machen hätte; er ist kein allem anderen gegenüber privilegierter „Hüter des Seins". Das heißt nun nicht, dass menschliche Angelegenheiten im *Laozi* unwichtig wären, es heißt nur, dass es nichts eigentlich oder spezifisch Menschliches darin gibt. Was menschlich ist, ist zugleich auch kosmisch oder natürlich. Was für den Menschen gilt, gilt – zumindest der Struktur nach – auch für alles andere in der Welt, und was für anderes gilt, gilt – wiederum zumindest der Struktur nach – auch für den Menschen. Die Ordnung des Menschenlebens oder der Gesellschaft ist eingegliedert in die Ordnung des natürlichen Geschehens, das Dao des Menschen ist nicht substanziell verschieden vom Dao des Himmels und der Erde – der Mensch besitzt keinen Zugang zu einem von allem anderen verschiedenen „Dasein".

So wie der Mensch im *Laozi* keine Sonderstellung einnimmt, so ist er auch für die daoistische Philosophie im Allgemeinen nicht so interessant, wie er es in vielen westlichen Weltanschauungen ist. Im Christentum, aber auch im Marxismus oder im Existenzialismus ist der Mensch Gegenstand einer Beschreibung, die jeweils zu ergründen versucht, was das Wesen des Menschen oder der menschlichen Gesellschaft ausmacht. Im *Laozi* aber wurde ein solcher Versuch der Bestimmung dessen, was den Menschen gewissermaßen erst zum Menschen macht, gar nicht unternommen. Die Philosophie des *Laozi* ist auch deshalb nicht humanistisch, weil es ihr nicht darum geht, den Menschen in seinem Wesen oder seiner Existenz zu erfassen. Es ist für den *Laozi* nicht von zentraler Bedeutung, was der Mensch eigentlich „ist", es geht ihm vielmehr darum zu beschreiben, wie der Mensch oder die Menschen sich am besten verhalten können, wobei dieses optimale Verhalten dann eben wiederum nichts eigentümlich Menschliches ist, sondern ein Verhalten, das dem Dao entspricht. Der Daoismus ist kein Humanismus, er ist tatsächlich ein *Dao*ismus.

Trotz seiner „fundamental" nicht-humanistischen Ausgangsposition sorgt sich der Daoismus und insbesondere der *Laozi* beständig (auch) um den Menschen. Die menschliche Gesellschaft wird sozusagen als der gefährdetste und unstabilste Teil des natürlichen Geschehens betrachtet – Himmel und Erde sind in der Regel „von selbst" in Ordnung, aber auch bei ihnen kommt es immer wieder zu Störungen und Katastrophen, und umso mehr kommt es zu solchen Störungen und Katastrophen in der Menschenwelt (vgl. *Laozi* 23). Insofern ist die menschliche Gesellschaft der hauptsächliche *Problembereich* des *Laozi*. Es ist nicht so, dass der Mensch besonders interessant wäre hinsichtlich seines Wesens oder hinsichtlich der Beschreibung des Dao – das kann man besser an solchen Dingen wie Flusstälern oder auch Blasebälgen beschreiben –, aber es ist leider so, dass der Mensch die größten Schwierigkeiten zu machen scheint, wenn es darum geht, die Welt dem Dao gemäß einzurichten und in Ordnung zu bringen. Deshalb ist ein großer Teil des *Laozi* auf die Ordnung in der Menschenwelt bezogen – und damit auf den Bereich der Gesellschaft und des Politischen, und damit eben auch auf das Problem der Herrschaft. Und deswegen ist der *Laozi* zwar einerseits sicherlich nicht humanistisch, aber andererseits auch ein Buch über die Ordnung der Gesellschaft, ein Buch über ideale Herrschaft in der Menschenwelt, und noch konkreter: ein Buch für Herrscher, das diesen zeigen soll, wie sie sich zu verhalten haben. Damit kann es durchaus auch als ein Buch zwar nicht über Menschen, aber doch über *Menschenführung* verstanden werden.

Indem der *Laozi* (auch) ein Buch *für* Herrscher und ein Buch *über* Menschenführung ist, ist es (auch) eine Art Handlungsanweisung für die Kunst des Regierens – und diese Ausrichtung teilt es im Übrigen mit vielen altchinesischen philosophischen Schriften, die sehr oft das Problem idealer Herrschaft zum Thema haben und sich direkt an Herrscher wendeten. (Man kann viele Diskussionen in der altchinesischen Philosophie als Wettbewerb um die Aufmerksamkeit von Regenten und um Einfluss auf deren politisches Handeln verstehen.) Als Buch für Herrscher und als Anweisung zum Regieren war der *Laozi* nun eben kein Buch für alle, sondern eher ein Buch für einen. Der *Laozi* wendet sich nicht an den „Normalbürger" im alten China, der ihn sowieso nicht hätte lesen oder verstehen können, sondern an die politische Elite. Und ein Grundzug der politischen Philosophie des *Laozi* ist die Unterscheidung zwischen Herrschendem und Beherrschten. Die gesellschaftliche Ordnung ist in dieser Unterscheidung ebenso verwurzelt wie die Ordnung im Körper von der Unterscheidung zwischen Herz und Organen abhängt. Der Herrscher besetzt die Position der „Einheit" in der Gesellschaft, um den sich dann das politische Geschehen dreht. Der Herrscher verhält sich damit zum „Volk" wie das Dao zu den „zehntausend Dingen": Es ist dem Vielen das Zentrum und der Ausgangs- und Endpunkt seines effektiven Beisammenseins. Den Unterschied zwischen Herrscher und Volk, der die Grundvoraussetzung zur Einheit der Gesellschaft ist, beschreiben viele Kapitel im *Laozi*. In Kapitel 2 liest man:

Die zehntausend Dinge –
Er bringt sie in Gang und fängt sie nicht an,
er führt sie aus und hängt nicht daran,
er bringt sie zum Erfolg und hat seinen Platz nicht bei ihnen.
Nun,
allein indem er seinen Platz nicht bei ihnen hat,
gerade daher verlassen sie ihn nicht.

Hier ist vom daoistischen „Heiligen" *(sheng ren)* die Rede, und dieser ist zugleich der ideale Herrscher im Staat. Sein Regierungserfolg liegt darin begründet, dass er seinen „Platz nicht bei ihnen", das heißt nicht bei den „zehntausend Dingen" und beim Volk hat. Von ihm geht alles Wirksame aus, und doch wirkt er selbst nichts, er lässt vielmehr alles andere und alle anderen wirken. Seine Position ist anders als die aller anderen, aber gerade deshalb „verlassen sie ihn nicht", gerade deshalb er*gänzen* sie, die Untertanen, den Herrscher zur idealen Gemeinschaft. Im selben Kapitel wird gesagt, dass „Fülle und Leere" einander „erschaffen". Die beiden Gegensätze, der volle Bereich der zehntausend Dinge und des Volkes und der leere, derjenige des Herrschers, überschneiden einander nicht und fügen sich gerade deshalb ideal zusammen.

Die Einheit der Gegensätze von Herrscher und Volk als Einheit eines „Körpers", in dem der Herrscher das Herz ist, beschreibt *Laozi* 49:

Der Heilige bleibt stets ohne Herz,
das Herz des Volkes ist ihm das Herz.
(...)
Wenn der Heilige in der Welt residiert,
vereinigt er sich mit ihr.
Der Welt verschmelzt er die Herzen.
Das ganze Volk heftet Augen und Ohren an ihn,
und dem Heiligen sind sie alle gleich lächelnden Kindern.

Der Idealherrscher hat kein individuelles Herz – er ist das Herz des Volkes in dessen Mitte, sein Herz ist nicht das seine, sondern eben das aller Menschen – er ist das Herz, die Mitte, das Zentrum der Gesellschaft, das die Gesellschaft „verschmelzt". So ist er mit der „Welt" einerseits zu einem Staatskörper vereint, aber andererseits bleibt er doch etwas anderes als das Volk, das ihm zugewendet ist. Das gesamte Volk ist ihm zugewendet, wie Kinder, die den Vater umringen, aber nur er allein besetzt den Platz in der Mitte.

Der Idealherrscher ist einerseits dem Volk gegenüber vorgesetzt, aber gleichzeitig ist er leer, er hat tatsächlich nichts für sich selbst – er ist nur da für die Gesellschaft. Daher ist der Heilige Vorgesetzter, indem er die Strategie des Wassers und des Weiblichen befolgt, die Strategie des „unten Liegenden". Er nimmt für sich selbst nichts in Anspruch und ist so, obwohl vorgesetzt, doch zugleich auch unter allem stehend. Auf diese Weise kann er das Volk auch nicht bedrücken, er lässt sich nicht von ihm tragen, sondern er ist es, der das Volk trägt. Dies beschreibt Kapitel 66 im *Laozi:*

Gerade daher:
Wenn der Heilige wünscht, über dem Volk zu stehen,
muss er sich in seinen Worten unter es stellen.
Wenn er wünscht, dem Volk voranzustehen,
muss er seine Person ihm hintanstellen.

Also
steht er über dem Volk,
aber es fühlt dabei keine Last;
steht er dem Volk vor,
aber es sieht darin keinen Schaden.

Der Herrscher herrscht gewissermaßen schwerelos, er ist dem Volk keine Last, sondern ist vielmehr tatsächlich die Grundlage der Gemeinschaft. Er ist der Vorgesetzte, der aber dem Volk nichts wegnimmt und nichts vereinnahmt, sondern vielmehr sich ganz und gar dem Volk *unter*stellt und eben gerade dadurch seine Herrscherpflicht erfüllt.

Der daoistische Regent, so wie er im *Laozi* erscheint, ist dementsprechend durch zwei Aspekte gekennzeichnet, die unmittelbar zusammengehören: Er ist einerseits *tatenlos* und andererseits *eigenschaftslos*. Der erste Aspekt findet in der berühmten daoistischen Maxime des Nicht-Handelns *(wu wei)* seinen Ausdruck, der zweite führt uns zurück auf die so wichtige Rolle der „Leere" (oder des „Nichts": *wu*).

Das Nicht-Handeln, das zur Weltherrschaft führt und die Weltherrschaft ausmacht, stellt *Laozi* 48 dar:

Geringer werden und wieder geringer werden,
um zum Nicht-Handeln zu kommen.
Nicht-Handeln,
und nichts bleibt ungetan.

Will man die Weltherrschaft ergreifen,
bleibe man stets ohne Verpflichtung.
Sobald man eine Verpflichtung hat,
genügt man wieder nicht dazu,
die Weltherrschaft zu ergreifen.

Der höchste Regent ist der, der selbst keine Pflichten hat, der selbst nichts in die Hand nimmt. Wer sich zur absoluten Handlungslosigkeit verringert, lässt das Handeln der Anderen geschehen und ist daher gerade der, der über alle Handlungen und Aufgaben erhaben ist und sie zur Einheit zusammenfügt. Würde der Herrscher selbst handelnd in das Geschehen eingreifen, würde er die Ordnung durcheinander bringen. Dies wäre so, als würde die Wurzel aus der Erde herauskommen wollen oder als würde der Flusslauf versuchen, den Berghang hinaufzuklettern. Deshalb heißt es in *Laozi* 64:

Wer handelt, scheitert dabei.
Wer festhält, verliert's.
Gerade daher wird der Heilige
Nicht handeln, und also scheitert er nicht,
nicht festhalten, und also verliert er nichts.

Dieselbe Lehre verkündet auch Kapitel 29. Auch es spricht davon, dass der ideale Herrscher nichts festhält und nicht handelt, er überlässt die Handlungen den Handelnden, die diese dann „von selbst" *(ziran)* ausführen, und so ereignet sich das ideale gesellschaftliche Geschehen von selbst. Die Gesellschaft als ein

„heiliges Gefäß“ ist durch eine leere, tatenlose Mitte geprägt und sie ist kein Gebrauchsgegenstand:

Will einer die Welt an sich nehmen
und an ihr handeln –
Ich sehe, dass es ihm nicht gelingt.
Nun,
die Welt ist ein heiliges Gefäß
und nicht etwas, woran man handelt.
Wer handelt, scheitert dabei.
Wer festhält, verliert's.

Das Nicht-Handeln des Herrschers wird im *Laozi* immer wieder beschrieben. Es ist eines der am häufigsten direkt oder indirekt angesprochenen Themen. Kapitel 43 spricht vom Nutzen des Nicht-Handelns und setzt es mit dem Nicht-Reden gleich. Reden und Handeln sind zwei sich entsprechende Formen von Tätigkeiten. Der daoistische Herrscher schweigt, denn würde er reden, würde er sich bestimmte Aussagen und damit auch bestimmte Haltungen zu Eigen machen:

Gerade daher weiß ich darum,
dass Nicht-Handeln nützlich ist.
Die Lehre des Nicht-Redens,
die Nützlichkeit des Nicht-Handelns:
in der Welt können wenige an sie gelangen.

Das Nicht-Handeln macht sich der daoistische Regent zu seinem wichtigsten Regierungsmittel. So gibt ihm Kapitel 57 – mit Hilfe des Worts „ich“, mit dem sich der Regentenlehrling identifizieren soll – folgenden Rat:

Gerade daher lauten die Worte des Heiligen:
Ich handle nicht,
und das Volk wandelt sich von selbst.

Ich liebe die Ruhe,
und das Volk stellt sich von selbst richtig.
Ich bin ohne Aufgabe,
und das Volk wird von selbst reich.

Das Nicht-Handeln ist, wie in diesem Kapitel wieder ganz eindeutig beschrieben wird, mit dem „von-selbst-so-Geschehen" *(ziran)* untrennbar verbunden – und dabei zugleich mit der strikten Trennung zwischen Herrscher und Volk. Das Nicht-Handeln des Herrschers lässt das Volk „von selbst" handeln. Auf diese Weise entsteht in der menschlichen Gesellschaft ein natürliches Miteinander und eine effektive Gemeinschaft.

Eine Spielart des Nicht-Handelns des Herrschers besteht darin, dass er stets verdeckt und unsichtbar bleibt – wie die Wurzel unter der Erde. Er mischt sich nicht ein in das Geschehen des Wachsens und Vergehens, er bleibt stets unter dem Volk und zeigt sich nicht an dessen Oberfläche – und auf diese Weise wird indirekt wiederum das Nicht-Handeln ausgeübt. Kapitel 58 beginnt so:

Wessen Regieren verdeckt und undurchsichtig ist,
dessen Volk wird ehrlich und rein.
Wessen Regieren bestimmbar und offenliegend ist,
dessen Land wird hinterlistig und falsch.

Der daoistische Regent ist zurückhaltend, er bleibt im Verborgenen, und indem er sich nicht dem Volk gegenüber gemein macht, bleibt dieses unverdorben. Die Zurückhaltung des Herrschers kommt ihm letztlich selbst wieder zugute. Denn dadurch, dass er sich zurückhält, setzt ihn das Volk von selbst und freiwillig an die Spitze, dadurch, dass er selbst keine selbstischen Ansinnen kundgibt und nichts für sich selbst verlangt, zieht er das Vertrauen aller auf sich. Durch seine eigene Zurückhaltung gerät er also gewissermaßen von selbst nach vorne. Kapitel 7 im *Laozi* sagt:

Gerade daher wird der Heilige
seine Person zurückstellen –
und persönlich vorne stehen;
seine Person heraushalten –
und persönlich anwesend sein.
Rührt das nicht daher, dass er keinen Eigensinn hat?
Daher kann er seinen Eigensinn
zur Vollendung bringen.

Eine andere Variante derselben Zurückhaltung des daoistischen Regenten kommt in Kapitel 22 des *Laozi* zum Ausdruck. Hier wird wieder betont, dass der aus dem Verborgenen regierende Herrscher dem Volk nicht nur nicht zur Last fällt, sondern dass er dem Volk zudem auch, salopp gesagt, nicht „auf die Nerven gehen" wird: Der Herrscher lenkt nicht durch Taten, Worte oder Zurschaustellung die Aufmerksamkeit des Volkes auf sich, und so lenkt er es auch nicht von dessen Tätigkeiten ab. Er lässt die Menschen in Ruhe, indem er selbst ruhig bleibt, und durch diese Ruhe wird das Leben und werden die Tätigkeiten der Menschen sich in aller Ruhe entfalten können. Der Erfolg des Herrschers beruht auf seiner Zurückgezogenheit:

Er stellt sich selbst nicht zur Schau,
also erstrahlt er.
Er zeigt sich selbst nicht vor,
also ist er erhellt.
Er lobt sich selbst nicht,
also hat er Erfolg.
Er ist nicht selbstgefällig,
also kann er von Dauer sein.

Der daoistische Idealherrscher drängt sich nicht dem Volk auf, und er bedrängt das Volk nicht mit seiner Präsenz. Er wählt die Nicht-Präsenz, die Nicht-Gegenwärtigkeit im Volk, um so dem Volk Raum zu ungestörter Präsenz zu geben. Indem sich der Herrscher aus dem Volk und der Erledigung von dessen Angelegenheiten heraushält, wird er auch davon Abstand nehmen, dem Volk Regelungen und Verordnungen aufzwängen, die doch wiederum nur Unruhe und künstliche Aufregung zur Folge haben würden. Er wird auch in dieser Hinsicht Zurückhaltung üben, und über dieses Verhalten des Herrschers sagt *Laozi* 72:

Beschränke es nicht in seiner Behausung.
Bedrücke es nicht in seinem Lebensbedarf.
Nun,
nur wenn man es nicht bedrückt,
wird es nicht überdrüssig.

Gerade daher wird der Heilige
sich beherrschen und sich nicht zeigen,
sich sorgen und sich nicht preisen.
Also lässt er das eine und wählt das andere.

Der ideale Herrscher wählt die Selbstbeherrschung und Bescheidenheit anstelle von öffentlichen Auftritten als „Macher". Diese Selbstbeherrschung verhindert, dass sich sein Prestige im Volk jemals abnutzen kann. Indem er nicht auftritt, kann sein „Image" auch keinen Schaden nehmen. Er übt Menschenführung aus, ohne dass es den Menschen auffällt, wer sie führt oder dass sie überhaupt geführt werden. Das daoistische Nicht-Handeln führt die Menschen, ohne sie sichtbar, aktiv oder willentlich zu führen. Und dadurch kann der Menschenführer niemals seine Führungsqualitäten einbüßen, weder in den Augen des Volkes – denn es sieht ihn ja gar nicht – noch in der Sache, denn seine Führungsqualitäten sind ja vollkommen *leer*. Und dies ist eben der zweite, mit dem Nicht-Handeln einhergehende Aspekt der daoistischen Regierungskunst im *Laozi:* Der Herrscher handelt nicht nur nicht, er ist nicht nur tatenlos, er ist zudem auch ein „Mann ohne Eigenschaften".

Vom „Besten der Herrscher" sagte *Laozi* 17, „wissen die Untergebenen nur, dass es ihn gibt". Der Beste der Herrscher ist unfasslich, er entzieht sich allen Bestimmungen – und deshalb kann er ja gerade der sein, der bestimmt. Über ihn allein lässt sich nichts sagen, so ist er der Einzige, der zu sagen hat. Der daoistische Idealherrscher ist durch keine Tätigkeiten oder Gunsterweisungen aus seiner Unnahbarkeit herauszubringen, denn nur in seiner Unnahbarkeit kann er seine Eigenschaft der Eigenschaftslosigkeit, die ihn von allen andern abhebt, bewahren. Kapitel 56 im *Laozi* sagt:

Also,
kann man ihn nicht zum Vertrauten machen
und kann ihn auch nicht entfernen;
kann man ihm keinen Gewinn bringen
und kann ihm auch keinen Schaden zufügen,
kann man ihm keine Ehren erweisen
und kann ihn auch nicht missachten.
Also wird er von der Welt geehrt.

Die Eigenschaftslosigkeit und die Tatenlosigkeit des Herrschers gehören zusammen. Dadurch, dass er nicht eingreift, kann er keine Konturen bekommen; er bleibt das „unbehauene Holz", das ohne Form und ohne Verwendung ist. Und er ist namenlos und ohne Ruf, denn es ist nichts an ihm, was irgendwie positiv zu benennen wäre. Diese Leerheit von Taten und Eigenschaften, die die Namenlosigkeit begründet, bringt Kapitel 34 zum Ausdruck, wenn es über das Dao heißt:

Vollbracht wird der Auftrag.
Der Pflicht wird gefolgt –
Und doch bleibt es namenlos.
Die zehntausend Dinge kehren sich ihm zu.
Und doch übt es nicht das Herrscheramt aus.
So ist es stetig und ohne Bestreben.
Nichtig mag sein Ruf sein.
Die zehntausend Dinge kehren sich ihm zu.
Und doch übt es nicht das Herrscheramt aus.
Zu Großem mag es berufen sein.

Das Dao ist hier ohne weiteres auf den daoistischen Herrscher zu beziehen. In der Menschenwelt besetzt der Herrscher die innere Geschehenseinheit und bringt so die Einheit der Gesellschaft hervor. Dabei übernehmen dann alle Untertanen ihre Aufgaben und erledigen ihre Pflichten, während der Herrscher namenlos und untätig bleibt: Er hat das Herrscheramt inne, aber er „übt es nicht aus", er ergreift keine eigenwilligen Maßnahmen. Diese Tatenlosigkeit spiegelt sich in seiner Namenlosigkeit. Die Identifikation von namenlosem Dao, namenlosem Herrscher und dem „unbehauenen Holz" wird in *Laozi* 37 dann wörtlich vollzogen:

Das Dao bleibt stets namenlos.
Können Fürsten und Könige es bewahren,
dann wandeln sich die zehntausend Dinge von selbst.
Was sich wandelt und begehrt sich zu regen,
das halte ich nieder mit dem namenlosen, unbehauenen Holz.
Wird es niedergehalten mit dem namenlosen, unbehauenen Holz,
nun, dann bleibt es unbescholten.
Indem es unbescholten bleibt,
wird Stille.

Die Fürsten und Könige, die sich das Dao zum Vorbild nehmen und namen-, taten- und eigenschaftslos bleiben, lassen die Dinge und das Volk von selbst gedeihen. Sie kontrollieren die Welt eben durch ihre Eigenschaft der Eigenschaftslosigkeit. Sie sind selbst das „unbehauene Holz", das das Volk kontrolliert, ohne es zu kontrollieren, und es auf diese Weise unbescholten lässt.

Die Ungreifbarkeit und Unförmigkeit des Herrschers begründet seine Souveränität. Diese Strategie, die über die Tatenlosigkeit zur „schwer fasslichen" Eigenschaftslosigkeit schließlich zur „unergründlichen" Namenlosigkeit führt, machten sich bereits die legendären Herrscherfiguren der chinesischen Frühzeit zu Nutze, jedenfalls wenn man Kapitel 15 aus dem *Laozi* (das im

Übrigen in seinem hier nicht zitierten Fortgang auch wieder vom „unbehauenen Holz" spricht) folgt:

Die in alter Zeit gut darin waren,
das Dao auszuführen:
Schwer fasslich und geheimnisvoll,
dunkel und durchschauend,
tief und unergründlich.

Nun, alleine weil sie unergründlich sind,
deshalb gibt es für sie
nur eine gezwungene Umschreibung.

Die „Dunkelheit" und die „Tiefe" sind daoistische Bilder von weiter Bedeutung. Sie greifen über zur Bildlichkeit des Weiblichen und des Wassers, und auch zur Bildlichkeit von Tal und Wurzel. Aber anstatt diese Bilder hier erneut zu thematisieren, möchte ich lieber noch einige andere Bilder erwähnen, die im Hinblick auf den daoistischen Menschenführer verwendet werden. Denn es sind gerade einige der poetisch schönsten Verse im *Laozi,* die die Unbeschreiblichkeit des Herrschers beschreiben – die er sich ja vom Dao sozusagen abgeschaut hat. Kapitel 20 gibt einen Einblick in diese eigenartslose Eigenart des Herrschers, die ihn so ganz anders macht als alle anderen. Während die Volksmenge „bebt" und voller Tatendrang ist, als gelte es eine große Opferfeier oder die Ankunft des Frühlings zu zelebrieren, ist der Herrscher dabei ohne jegliche Regung, wie eine „Wüste", wie ein „Idiot", wie „ein Kleinkind, das noch nicht lacht". So ist die Gesellschaft ideal eingerichtet: Der völlige Gegensatz zwischen taten- und eigenschaftslosem Herrscher und tätigem und „unterschiedenem" Volk lässt die Welt blühen:

Welche Wüste! Nirgends hat sie ein Ende!
Die Menge ist guter Stimmung –
als gäbe es ein großes Opfer zu feiern,
als würden im Frühling Höhen erklommen.

Ich bin tatenlos dabei und gebe kein Zeichen von mir –
wie ein Kleinkind, das noch nicht lacht.

Welche Ermüdung! Als gäbe es keinen Ort einer Rückkehr.
Die Menge hat immer noch übrig.
Ich allein habe von mir gegeben.
Ich habe das Herz eines Idioten.

Welche Einfalt!
Das gemeine Volk strahlt.
Ich allein bin wie verborgen.
Dem gemeinen Volk ist alles unterschieden.
Mir allein ist alles vermischt.
Welche Ödnis! – Sie ist wie das Meer.
Welche Wüste! Als ob es nirgends ein Aufhören gäbe.
Die Menge hat immer ihren Grund.
Ich allein bin bis zur Unzugänglichkeit dumm.
Mein Begehren allein ist anders als das der Menschen –
Und ich schätze die nährende Mutter.

Dieses Kapitel kontrastiert mit eindrucksvollen Bildern den Herrscher und das Volk. Während jener mit Bildern der Formlosigkeit (es werden keine „Zeichen" gegeben, es ist alles „vermischt"), der Endlosigkeit (es wird von Orten ohne Ende, ohne Rückkehr, ohne Aufhören gesprochen) und vor allem der Leere (etwa die Wüste, die Ödnis, das Meer als „leere" Räume, die Ermüdung als ein Zustand der Leere, die Einfalt, „Idiotie" und Dummheit als geistige Leere) beschrieben wird, ist dieses ganz im Gegenteil „strahlend"; es lebt im Bereich der Fülle (die „Menge hat immer noch übrig") es ist deutlich zu „unterscheiden". Die Menge ist positive Bestimmtheit, Vielheit, Fülle, Regung und Aktivität, der Herrscher ist bestimmungslos, einzeln, leer, reglos und passiv – wie ein „Kleinkind, das noch nicht lacht". Diese „Ödnis" des Herrschers und des Dao wird auch in anderen Kapiteln des *Laozi* thematisiert. In Kapitel 14 wird so vom Dao gesprochen:

Das heißt: „Form ohne Form“,
„Gestalt ohne Ding“.
Das heißt: „Ödnis und Wüste“.

Und auch im 21. Kapitel werden wieder die Bilder von Wüste und Ödnis gebraucht, wobei hier allerdings deren paradoxer Bezug zur Fruchtbarkeit deutlich gemacht wird:

Das Ding Dao – nur wüst, nur öd.

Welche Ödnis, welche Wüste! –
Darin sind die Gestalten.
Welche Wüste, welche Ödnis! –
Darin sind die Dinge.

Welche Verborgenheit und welche Düsternis!
Und welche Fruchtbarkeit darin!

Indem der Herrscher und das Dao leer und formlos sind, sind beide ja zugleich der nährende Kern alles Wachsenden und Vergehenden. Dies zeigt das 21. Kapitel, wenn es die „Fruchtbarkeit“ und die „Gestalten“ in Ödnis und Gestaltlosigkeit verankert. So wählt der Herrscher die Orte, die „im Volk“ niemand will: Er zieht sich zurück und siedelt sich an in der „Wüste“ und „Ödnis“, er sucht das Verborgene auf und das Dunkle, das Tiefe und das „unten Liegende“. Dies ist seine paradoxe Herrschaftsstrategie. Kapitel 78 legt sie dem „Heiligen“ und damit eben auch dem idealen Regenten auf die folgende Weise in den Mund:

Also lauten die Worte des Heiligen:
Das Schändliche im Staat auf sich zu nehmen –
das bedeutet,
Herrscher der Erd- und Getreidealtäre zu sein.
Das Unheilvolle im Staat auf sich zu nehmen –
das bedeutet,
König der Welt zu sein.

Das „Schändliche“ und das „Unheilvolle“ sind jene Orte des Unteren und der Dunkelheit, die Orte der Leere und der Formlosigkeit. Dadurch, dass der Herrscher sich auf diese Orte zurückzieht, sich dort ansiedelt und sich mit ihren eigenschaftslosen Eigenschaften identifiziert, qualifiziert er sich dazu, „Herrscher der Erd- und Getreidealtäre“, also oberster Zeremonienmeister und damit Regent zu sein. Seine Zurückgezogenheit, die ihn vom Volk so stark unterscheidet und ihn gleichzeitig zum Herrscher des Volkes macht, gibt schließlich dem namenlosen Herrscher und Menschenführer doch einen Namen – einen Namen, den sonst niemand will. Kapitel 42 sagt:

Was die Welt hasst,
ist verwaist, verlassen oder unbegütert zu sein –
und doch nennen die Fürsten und Könige sich selbst so.

Es sind diese historisch tatsächlich verwendeten Selbstbezeichnungen der altchinesischen Herrscher, die manifestieren, dass sich der Herrscher in der „Wüste“ und „Ödnis“ ansiedelt, denn er geht ja natürlich nicht buchstäblich in die Wüste. Aber er sucht gewissermaßen die soziale Wüste auf – der Herrscher bekundet in diesen Ausdrücken sein völliges *Allein*sein. Er ist der Verwaiste und Verlassene, der anders als das gesamte Volk außerhalb der sozialen Bindungen steht, die jeden mit einer bestimmten Funktion und Rolle in der Gesellschaft ausstatten. Indem er „verwaist“ und „verlassen“ ist, hat er keine bestimmten Eltern und keine Kinder, er ist ganz und gar allein – und gerade dies qualifiziert ihn dann wieder dazu, der „Sohn des Himmels“ *(tian-zi)* zu sein, wie man die Herrscher im alten China ebenfalls nannte – vergleichbar dem Dao als „Vater“ und „Mutter“ von allem und allen. Ohne jegliche spezifische Bindung kann der Herrscher als der Verlassene die gleiche Bindung zu allen beanspruchen – er hat keine eigene Familie, und deshalb ist das ganze Land und die ganze Welt seine Familie. Seine *Allein-heit* ist die Voraussetzung dafür, die *All-einheit* zu begründen. Die Allein-heit schlägt paradox um in die All-einheit.

Das „Menschenbild“, das im *Laozi* zum Ausdruck kommt, sieht die menschliche Gesellschaft primär als eine Art soziale Masse an, die in Ordnung zu bringen beziehungsweise in Ordnung zu halten ist. Der *Laozi* geht nicht vom einzelnen Menschen aus, nicht vom „unverwechselbaren“ Individuum mit einer je eigenen „Würde“ oder „Seele“, sondern vielmehr davon, dass die Menschenwelt, genau wie die Welt überhaupt, eine Art Organismus ist, ein Geschehenszusammenhang, der entweder gut und effektiv funktionieren kann oder auch nicht. Die menschliche Gesellschaft der Vielen ist unterschieden in Geschlechter und in Tätigkeitsbereiche, in familiäre und politische Rollen – aber nicht in „Subjekte“. Um ein reibungsloses Funktionieren des gesellschaftlichen Geschehens zu garantieren, muss die Gesellschaft der unterschiedenen Vielen in dem Einen verwurzelt sein, der die Vielen zur Einheit führt. Dies ist die wichtigste Funktion des Menschenführers. Der Menschenführer muss, um diese Funktion zu besetzen, sich von allen anderen Menschen unterscheiden – und er unterscheidet sich von allen dadurch, dass er der Einzige ist, der keine spezifische Tätigkeit hat, keinen besonderen Namen und keine besondere Eigenschaft, die ihn an eine bestimmte Rolle knüpfen würde. Die Menschenführung beruht also darauf, anders als alle anderen zu sein, indem man selbst sozusagen nichts ist oder sich zu einem Nichts macht: Die Leere herrscht über die Fülle und hält die Fülle zusammen. Dies ist die wichtigste Aufgabe des Herrschers: Er muss sich von allem Selbstischen und allem Eigensinn entleeren, um so zum selbstlosen und unpersönlichen Zentrum des gesellschaftlichen Gesamtorganismus werden zu können. Wenn ihm dies gelingt, wird er die Menschenwelt in eine ähnliche natürliche Harmonie bringen, wie sie der Himmel vormacht, wenn dort Tag und Nacht oder die Jahreszeiten sich in einem regelmäßigen und dauerhaften Rhythmus und Wandel fügen. Auch die Menschenwelt soll durch die Menschenführung des Herrschers – die eine Führung ohne Führung ist – zu einem derart stetigen und fruchtbaren Organismus werden.

Es ist offensichtlich, dass diese miteinander verflochtenen Vorstellungen von Menschenwelt und Menschenführung von heute verbreiteten Auffassungen sehr verschieden sind. Der wesentliche Unterschied besteht dabei meines Erachtens in Bezug auf die „Individualität". Menschen werden heutzutage gerne als ein jeweiliges „Individuum" betrachtet, und die Menschenführung soll die Individuen zu ihrer jeweiligen Entfaltung bringen oder zumindest verhindern, dass man sich gegenseitig bei dieser Entfaltung oder „Selbstverwirklichung" allzu sehr stört. Der Herrscher im Daoismus ist nun keiner solchen Individualität verpflichtet und versucht auch selbst alles andere, als ein originelles Individuum zu sein – er ist keine Persönlichkeit, keine Führerfigur, er ist ja, ganz im Gegenteil, völlig selbstlos und eigenschaftslos und namenlos. Das daoistische Menschenbild im *Laozi* und die damit verbundene Vorstellung von effektiver Menschenführung sind nicht nur nicht-humanistisch und nicht-anthropozentrisch, sie sind auch durch und durch *unpersönlich*. Es ist heutzutage populär geworden, sich „*selbst* kennen zu lernen", „an sich selbst zu *wachsen*" oder sich auf den „Weg zu *sich selbst* zu machen". Bisweilen wird dieses „Selbstwachstum" auch mit „östlichen Weisheitslehren" in Verbindung gebracht – mit dem *Laozi* aber hat ein solches selbstbezogenes Lernen nichts zu tun:

Wer das Lernen betreibt,
gewinnt täglich hinzu.
Wer vom Dao hört,
wird täglich geringer. (Laozi 48)

V. Gefühle, Krieg und Gleich-gültigkeit

Die daoistischen „Heiligen", die idealen Herrscher im Staat, sind im *Laozi* Menschen ohne „Persönlichkeit" und besondere Eigenschaften, sie sind Menschen „ohne Herz", denn das Herz des Volkes ist ihnen das Herz (*Laozi* 49). So betrachtet ist der daoistische Idealmensch im *Laozi* auch ohne Gefühle, sein Gefühlsleben ist fade und formlos, aber eben deshalb auch ruhig und still und dunkel, um noch einmal diese so häufig im *Laozi* ausgesprochenen negativen Qualitäten des Dao und des ihm entsprechenden Menschen aufzuführen. Der daoistische „Heilige" *(sheng ren)* hat keine eigentlichen Gefühle, und vor allem hat er auch eines nicht: Begierden. Der „allein stehende" daoistische Regent hat nichts für sich, aber ihm fehlt auch nichts, er ist wunschlos (und dabei, wie man sehen wird, weder „wunschlos glücklich" noch „wunschlos unglücklich"). Und dementsprechend sagt *Laozi* 39 über die daoistischen „Fürsten und Könige":

Ebenso wünschen sie
weder zu glänzen wie Jade,
noch hart zu sein wie Stein.

Die Wunschlosigkeit ist ein entscheidendes Merkmal des daoistischen Heiligen, und ins Politische übersetzt bedeutet dies, dass demjenigen, der nicht nach der Macht strebt, diese „von selbst" zufallen wird. Es bedeutet aber zugleich auch, dass derjenige, der die Macht schon hat, sie nur bewahren kann, wenn er nicht dem Reiz der Macht verfällt und sich nicht von ihr zu Begehrlichkeiten hinreißen lässt. Wenn die Macht den Herrscher zum Luxus verführt und ihn zum „Immer-mehr-haben-Wollen" verleitet, dann ist er mitsamt seinem Staat dem Untergang geweiht. Er wird damit zum „Räuber" am Staat, und durch sein Verhalten wird er ein Volk von Räubern entstehen lassen. *Laozi* 53 beschreibt diese traurige Situation:

Das Herrscherhaus ist sehr verkommen.
Die Felder liegen brach.
Die Kornspeicher sind sehr leer.
Die Kleidung ist schmuckvoll und prächtig –
am Gürtel hängt ein scharfes Schwert.
Der Speisen ist man satt
und Güter und Besitz gibt es im Überfluss.
Das heißt: „Räuberei".
Räuberei ist nicht der Weg.

Die hier beschriebenen Verhältnisse der Dekadenz kennzeichnen einen sorglosen und den Begierden verfallenen Regierungsstil. Die Übersättigung ist der erste Schritt zum Niedergang. Zwar sind Luxus, Reichtum und Wohlleben noch sichtbar, aber die Umstände widersprechen dem „Weg", dem Dao. Solches Schwelgen wird ins Chaos führen und beschwört den Zustand allgemeiner „Räuberei". Die Begehrlichkeit des Herrschers steckt das ganze Volk, den ganzen sozialen Organismus an. Wenn der Kopf an Begierden krankt, dann wird auch der „Volkskörper" bald von dieser Krankheit befallen sein. Wenn aber der Herrscher sich selbst nicht von den Begierden mitreißen lässt, kann er auch dem Volk den Zustand der „Räuberei" ersparen. Das dritte Kapitel im *Laozi* rät deshalb zu folgender Einstellung:

Werden die Güter,
deren man schwer habhaft wird, nicht hoch geschätzt,
lässt dies das Volk nicht Räuber sein.
Wird nichts Begehrenswertes vorgezeigt,
lässt dies das Volk nicht durcheinander bringen.

Gerade daher ordnet der Heilige so;
Er leert ihre Herzen,
er füllt ihre Mägen.
Er schwächt ihre Wünsche,
er stärkt ihre Knochen.

Der daoistische Herrscher pflegt die Anspruchslosigkeit, und dadurch kommen auch im Volk keine Ansprüche auf. Indem kein Anspruchsdenken und kein Besitzstreben entsteht, herrscht Ruhe und Zufriedenheit im Volk. Die materiellen Grundbedürfnisse werden befriedigt: Es gibt genug Nahrung, und offenbar steht es auch gut um die körperliche Verfassung des Volkes. Diese Zufriedenheit wird nun dadurch aufrechterhalten, dass keine weiteren Begierden zugelassen werden, oder besser, dass kein Anlass gegeben wird, weitere Bedürfnisse zu entwickeln. Die Herzen sind „leer“ und die Wünsche „schwach“, das heißt, man hat keine Herzenswünsche im Volk, es gibt keine auf Nachfrage ausgerichtete Wirtschaft, denn dies würde eben zu „Räuberei“ führen – von kapitalistischem Denken waren die frühen Daoisten offenbar noch sehr weit entfernt.

Die daoistische Wunschlosigkeit ist in einer ihr zu Grunde liegenden einfachen Sättigung verankert. Die „satten Mägen“ verlangt es nicht nach weiteren Genüssen, und so sind sie zu einer besonderen Feinschmeckerei in der Lage: Im Zuge ihrer Freiheit von Begierden sind sie auch von jeglichen Gelüsten nach einem besonderen Geschmack frei. Und dies macht sie empfänglich für das, was ohne jeden Geschmack ist, nämlich das Dao. Das Dao „hat keinen Geschmack“, heißt es in *Laozi* 35, und das 63. Kapitel fordert auf:

Schmecke das Geschmacklose!

Das Dao eröffnet sich nicht in der Hingabe an die Sinne. Es ist nicht nur formlos und „öde“, sondern auch fade – es hat keine bestimmte Würze. Um auf den Geschmack des Geschmacklosen zu kommen, muss man sich von dem Verlangen nach spektakulären Gaumenfreuden frei machen. Kapitel 12 im *Laozi* mahnt vor den nachteiligen Folgen, die nicht ausbleiben können, wenn man sich der Lust nach Gefühlen oder sinnlichen Sensationen hingibt:

Die fünf Geschmäcker
verderben den menschlichen Gaumen.

Das Anregende des Genusses führt zu emotionaler und sinnlicher Aufregung. Es ist nichts Böses in einem moralischen Sinne am Genuss und an der Erregung, aber es liegt etwas außermoralisch Verderbliches darin: Man verdirbt sich durch die Überreizung des Gaumens das natürliche „Aufgehen" im Geschmacklosen, man zerstört sozusagen den „sechsten Sinn" für das Geschmacklose und beraubt sich dadurch des effektivsten Geschmacks. Man begibt sich aus dem Zustand wunschloser Zufriedenheit in einen Zustand emotionaler und sinnlicher Aufgeregtheit und Unzufriedenheit, in dem es schwer wird, den ständigen Hunger zu stillen.

Ein anderer Hunger, der emotional aufrührend wirken kann, ist der Hunger nach Wissen. Auch dieses intellektuelle Begehren ist aus daoistischer Sicht schädlich, und auch es wird im oben bereits teilweise zitierten dritten Kapitel des *Laozi* angesprochen. Für den daoistischen Herrscher gilt bei der Vorbeugung der Entstehung von ungesunden Gefühlen und Bestrebungen im Volk auch das Folgende:

Stets lässt er das Volk ohne Wissen sein und ohne Begierden.

Selbst das „Wissen" wird im Zaum gehalten – auch die „Informationsgesellschaft" war also sicherlich kein daoistisches Ziel. Wissen zu erwerben ist auch eine Form der Erweckung von Begierden und Bestrebungen, nämlich nach noch mehr Wissen etwa oder nach Dingen, von denen man ohne Wissen eben gar nichts wüsste. Je weniger Kenntnisse man hat, desto weniger „Begierdepotenzial" besitzt man. Auch Wissen kann unglücklich machen und die Menschen *reizen*. Es kann mit dazu beitragen, dass man sich nicht mehr zufrieden gibt mit dem Einfachen und Schmucklosen, das man „von selbst" hat. Auch Wissen weckt Gefühle und schürt Unzufriedenheit. Es gehört neben den Begierden zu den Geistesregungen, die die Ruhe in der Gesellschaft zerstören können, und deshalb wenden sich viele Kapitel im *Laozi* gegen das Wissen (siehe etwa *Laozi* 10, 47, 48, 65, 81). Wissen, Begierden und auch die dem verfeinerten Wissen entspringenden raffinierten Gerätschaften bringen die Menschen aus der Sicht des *Laozi* emotional in Verwirrung – dies jedenfalls behauptet das 57. Kapitel:

Hat das Volk vielerlei tückische Gerätschaften,
dann geraten Staat und Familie umso mehr durcheinander.
Haben die Menschen viel Wissen,
dann kommen umso mehr seltsame Dinge auf.

Und so sagt sich der daoistische Heilige am Ende desselben Kapitels:

Ich begehre, ohne zu begehren,
und das Volk wird von selbst schlicht.

Die Begierdelosigkeit ist der Schlüssel zu gesellschaftlicher Harmonie. Die Kultivierung der Begierdelosigkeit muss beim Herrscher beginnen, aber sie wird sich, wenn sie nur konsequent im Herrscher verwirklicht wird, auch auf das Volk übertragen. Wenn der Herrscher sich selbst schlicht macht, dann „schlichtet" er auch die Gefühlsregungen im Volk, und so wird auch dieses „von selbst schlicht". Gelingt dies, so wird die von den Daoisten gefürchtete Situation, dass keiner mehr weiß, „wann es genug ist", verhindert werden. (Zum Thema des „Wissens, wann es genug ist", beziehungsweise des Wissens darum, wann man „aufhören" soll, siehe auch *Laozi* 32, 33, 44.) Und vor dieser Situation, die das Resultat einer fehlgeschlagenen Zügelung der Begierden ist, warnt *Laozi* 46 ganz nachdrücklich:

Von den Verbrechen ist keines größer,
als die Begierden gewähren zu lassen.
Von den Unglücken ist keines größer,
als nicht zu wissen, wann es genug ist.
Von den Übeln ist keines schmerzlicher,
als die Begierde nach Besitz.

Die Gerätschaften in der Welt, die am engsten mit Begehrlichkeiten zu tun haben und die direkt auf die Erfüllung von Begehrlichkeiten gerichtet sind, sind die Waffen. Der Krieg ist im *Laozi* das Paradebeispiel für den Zusammenhang von Begierden, Geräten, emotionaler Aufwallung und einer untergehenden Gesellschaft. Kriegsgeräte schaffen Begehrlichkeiten, indem sie es ermöglichen, Begierden durchzusetzen, und zwar auf Kosten anderer. Durch den Krieg werden Gefühle hochgeschaukelt, und der Krieg selbst ist Ausdruck von überschäumenden Emotionen. Der Krieg ist Emotionalität in Handlung übersetzt. Den Daoisten graut es vor solchen überemotionalen Zuständen, ihnen graut es vor solcher Unordnung und vor solchem Handlungseifer, der doch nur zerstörerische Wirkungen hat. Der *Laozi* ist antihumanistisch, er ist anti-emotional, er ist gegen jeglichen Aktionismus, aber gerade deswegen ist er auch ausgesprochen antimilitaristisch und beinahe pazifistisch. Sehr viele Textstellen im *Laozi* (siehe außer den hier zitierten Kapiteln auch Kapitel 30, 36, 66, 69 und 80) lassen daran nicht den geringsten Zweifel. In Kapitel 31 findet sich eine der ausführlichsten Aussagen zu diesem Thema:

Nun, Waffen sind eine unheilvolle Gerätschaft.
Allgemein sind sie verachtet.
Also wird, wer etwas will, dabei nicht verweilen.

Also,
Waffen sind nicht die Gerätschaft des Edlen.
Waffen sind eine unheilvolle Gerätschaft.
Wenn er nicht umhin kann, gebraucht er sie. –
Ihm gilt Stillhalten das Höchste.
Finde keinen Gefallen daran.
Denn Gefallen daran zu finden,
das heißt: sich daran zu freuen, Menschen zu töten.
Nun, sich daran freuen, Menschen zu töten –
So kann in der Welt keine Absicht verwirklicht werden.

(...)
Gerade daher
steht der Oberst zur Linken
und der General zur Rechten.
Das besagt:
Man nimmt dem Trauerritus entsprechend die Plätze ein.

Werden Menschenscharen getötet,
dann begegnet dem mit Trauer und Schmerz.
Wird im Kriege gesiegt,
dann begeht man dies mit einem Trauerritus.

Der Krieg wird von den Daoisten verabscheut. Wenn man Waffen besitzt (vgl. dazu Kapitel 80 im *Laozi*), dann allenfalls, um dadurch einen Krieg durch Abschreckung zu verhindern – und auch dabei werden die Waffen verachtet und nicht vorgezeigt, wie Kapitel 36 im *Laozi* betont. Die Daoisten wären keine Freunde einer Militärparade. Denn Waffen nähren das Gefühl der Stärke und der Aggression, sie reizen zu ihrem Gebrauch. Der Daoist im Sinne des *Laozi* aber hält Abstand von den Waffen und greift nur auf sie zurück, wenn es nicht anders geht. Und selbst im Falle des Krieges entwickelt ein solcher Daoist keine kriegerischen Emotionen, er freut sich nicht daran, andere zu töten, ja er freut sich nicht einmal seines Sieges. Der Sieg ist ihm vielmehr Anlass zur Trauer, und die Schlacht selbst wird schon in derselben Anordnung geschlagen, die man bei einer Trauerfeier einnimmt. Der Krieg ist ein Anzeichen einer niedergehenden Gesellschaft, und man muss alles tun, um von vornherein Zustände zu verhindern, die zum Krieg führen können. Dies heißt, dass alles getan werden muss, um Begierden, Wissen, tückische Gerätschaften und aufbrodelnde Emotionalität einzudämmen oder am besten gar nicht erst aufkommen zu lassen. Denn wenn diese Dinge erst einmal aufkommen, dann meist gemeinsam und in einer Art Kettenreaktion – und die Emotionen, die dann schließlich am Ende dieses Prozesses stehen werden, sind, wie man in Kapitel 31 sah, die Trauer und der Schmerz. Um dies zu verhindern, ist es das Beste, Emotionalität schon im Keim zu drosseln.

Wenn es aber doch zum Krieg kommt, wird der dem *Laozi* folgende Daoist oder der daoistische Feldherr und Soldat diesen wahrscheinlich gewinnen, und zwar gerade wieder aufgrund seiner Emotionslosigkeit. Er wird den Feind an dessen eigenem Übereifer „von selbst" scheitern und sozusagen „ins eigene Messer laufen" lassen. Kapitel 68 im *Laozi* beschreibt diese Strategie, die auch heute noch vielen ostasiatischen Kampfsporttechniken zu Grunde liegt:

Also:
Der gute Soldat
ist nicht kriegerisch.
Der gute Kämpfer
erzürnt nicht.
Wer es gut beherrscht, Feinde zu schlagen,
der tritt ihnen nicht entgegen.

Die daoistische Kampfkunst im *Laozi* ist auf Defensive und Passivität ausgerichtet. Der Rückzug und das geschickte Verbergen führen letztlich zum Erfolg – und diese Strategien sind ja eben die daoistischen schlechthin, wie es so viele Bilder (die Wurzel, das Wasser usw.) im *Laozi* bezeugen. Der daoistische Soldat lässt seinen Gegner buchstäblich ins Leere schießen und macht sich dessen ständigen Energieverlust zu Nutze. Wer seine Emotionen und Kräfte aufs Spiel setzt, wird eben dadurch dieselben schließlich verlieren und aufbrauchen, während der „schlichte" daoistische Kämpfer keine Verluste hinnehmen muss. Durch seine „Kraft des Nicht-Streitens" (ebenfalls *Laozi* 68) überwindet er den Feind, der streitend seine Kräfte vergeudet.

Der Kampf und der Krieg machen auf diese Weise deutlich, wozu ein großer Aufwand an Gefühlen und an emotionaler Energie führt: nämlich zu nichts anderem als zu Energie- und Harmonieverlust. Gefühle sind selbstische Regungen, die das Gleichgewicht der Gemeinschaft stören, die Verwirrung in der

Gesellschaft heraufbeschwören und die Verwirklichung eines wichtigen daoistischen Ziels verhindern – nämlich Dauerhaftigkeit und Beständigkeit. In Gefühle zu „investieren" bedeutet, daoistisch gesehen, in den eigenen Untergang zu investieren. Dies macht das 44. Kapitel des *Laozi* mit zwei lapidaren Sätzen deutlich:

Wo tiefe Hingabe ist,
wird große Verausgabung sein.

Einer hingebungsvollen Verausgabung haftet im *Laozi* nichts Romantisches an. Sie ist vielmehr ein Vergehen gegen das „Gebot" der Schlichtheit und Einfachheit, gegen das „Gebot" der daoistisch verstandenen Natürlichkeit. Die Natur regt sich, daoistisch gesehen, nicht auf, und sie verliebt sich auch nicht. Und wenn sie einmal launisch ist – wie bei Gewitterregen oder Sturmwind (siehe *Laozi* 23) –, dann ist das eine Katastrophe und ein Anzeichen dafür, dass mit ihr etwas nicht in Ordnung ist. Für den Menschen, der sich dem „Dao von Himmel und Erde" einfügen will, heißt es dementsprechend, sich auch in der natürlichen Emotionslosigkeit zu üben. Und derjenige, der sich als Erster und im höchsten Grade der Emotionslosigkeit zu verschreiben hat, ist, wie gesehen, der daoistische Heilige *(sheng ren).* Deswegen heißt es über ihn im fünften Kapitel des *Laozi:*

Himmel und Erde sind unmenschlich –
die zehntausend Dinge sind ihnen Opferhunde aus Stroh.
Der Heilige ist unmenschlich –
Die Menschen sind ihm Opferhunde aus Stroh.

Diese Zeilen wirken auf den humanistisch geprägten westlichen Leser vielleicht zunächst abschreckend, aber sie sind nicht wirklich skandalös, wenn man sie vor dem Hintergrund des *Laozi* versteht: Himmel und Erde sind gefühllos und „unmenschlich", sie haben kein „Herz" für die Dinge der Welt – aber gerade deswegen nähren und tragen sie ja die zehntausend Dinge auch ohne jegliches „Ressentiment“. Es ist ein eigentümlicher – an Friedrich Nietzsches „Willen zur Macht“ erinnernder – „Wille ohne Wille“[19], der in der Natur wirkt, ein absichtsloses Geschehenlassen, das sich nicht engagiert und eben dadurch den Dingen auch nicht im „Weg“ steht, sondern diese selbst den „Weg“ gehen lässt. Die Unmenschlichkeit des Himmels und der Erde ist nicht gegen den Menschen gerichtet, sie ist nicht feindselig, denn sie ist ja durch und durch ohne Emotion. Nach demselben Modell verhält sich auch der daoistische Heilige. Wie bei Himmel und Erde wirkt in ihm nur der „Wille ohne Wille“, der nicht auf psychologische „Abwege“ gerät.

Der *Laozi* begegnet der Gefahr der Gefühle durch eine Lehre der *Gleichgültigkeit*, und diese Gleichgültigkeit ist in der doppelten Wortbedeutung zu verstehen: Der daoistische Heilige bleibt hier emotional unaufgeregt gleichgültig – aber gerade deswegen sind für ihn die zehntausend Dinge und alle Menschen auch *gleich gültig*. Diese (mich wiederum an Nietzsche erinnernde) daoistische Gleichgültigkeit erlaubt also einerseits eine völlige „Ungezwungenheit“ durch emotionale, einseitige Bindungen, sie erlaubt aber andererseits auch, allen Dingen gegenüber eine Haltung „jenseits von Gut und Böse“ einzunehmen, eine Haltung, die zwischen Tag und Nacht, zwischen Winter und Sommer – darf man auch sagen: zwischen Männlichem und Weiblichem? – keinerlei Wertunterschied setzt und doch deren völlige Verschiedenheit anerkennt. Diese daoistische Gleichgültigkeit ist *alles andere als Gleichmacherei* – sie lässt die Unterschiede des Unterschiedenen gelten und ist ihnen gegenüber gerade deswegen völlig gleichgültig.

Die daoistische Gleichgültigkeit, wie sie im *Laozi* erscheint, erkennt den beständigen Wandel der Dinge („Die Wende ist des Daos Bewegen“, heißt es in *Laozi* 40) an und begegnet diesem Wandel mit einer Art emotionsloser Bejahung oder Affirmation. Auch hier kann man wieder an ein Nietzscheanisches „Jasagen“ denken, an ein Gewährenlassen des Natürlichen – also dessen, was „von selbst so geschieht“ – ohne Ressentiment. Diese Gleichgültigkeit strebt nun auch gerade nicht, wie es in der europäischen Tradition schon im alten Griechenland so wichtig war, nach einer Form höheren Glücks (oder griechisch: *eudaimonia*). Auch dem Glück und dem Unglück gegenüber ist der daoistische Heilige im *Laozi* gleichgültig. So heißt es in Kapitel 58:

Das Unglück ist es,
worauf das Glück beruht.
Das Glück ist es,
was das Unglück birgt.
Wer kennt das Ende?

Glück und Unglück sind wechselnde Geschicke, die wiederum in ein Wechselgeschehen eingebunden sind. Natürlich sind Glück und Unglück verschieden voneinander (oft wird dem Daoismus fälschlich ein Verwischen der Unterschiede des Verschiedenen zugeschrieben), aber beide sind nicht absolut, sie sind nicht permanent, sondern bilden einen permanenten Wandlungsprozess, wie Tag und Nacht. Deswegen wirft auch das Unglück den Daoisten im *Laozi* nicht emotional „aus der Bahn", und andererseits wird ihn auch das Glück nicht „vor Glück verrückt" werden lassen. Die Emotionslosigkeit erstreckt sich auch auf diese wohl allgemeinsten Umstände, die normalerweise mit Gefühlen verbunden werden. Glück und Unglück ereignen sich und geschehen, und der daoistische Heilige kann beides in seiner jeweiligen Eigenart gleich-gültig bejahen. Das eine ist ihm nicht mehr wert als das andere, und keines von beiden bringt ihn aus seiner gefühllosen „Gelassenheit" heraus. Wie dies zu verstehen ist, illustriert eine bekannte daoistische Geschichte, die nicht dem *Laozi* entstammt, sondern einem anderen daoistischen Text, dem *Huainanzi*. Ich will auch diese Stelle einmal zitieren, denn auch wenn sie nicht direkt im *Laozi* vorkommt, so kann man sie doch gewissermaßen als einen freien Kommentar zu den oben zitierten Versen aus dem 58. Kapitel verstehen. Im *Huainanzi* wird also folgende Geschichte über die Gleichgültigkeit angesichts von Glück und Unglück erzählt:

Nun, Glück und Unglück erzeugen einander in ihrem Umschwung – ihr Wechsel ist schwer zu durchschauen:

Im Grenzgebiet im Norden lebte einst ein alter Mann, der dem Dao vertraute. Eines Tages verlor er sein Pferd, das in das Gebiet des Hu-Stammes entlaufen war. Die Nachbarn kamen und beklagten sein Missgeschick, doch der Mann sprach: „Woher wollt ihr wissen, dass es ein Unglück ist?"

Einige Monate vergingen, da kehrte das Pferd zusammen mit ein paar schönen Rössern aus der Zucht des Hu-Stammes wieder zurück, und alle Leute beglückwünschten den Alten nun. Der aber sprach: „Woher wollt ihr wissen, dass es mein Glück ist?"

Durch die vielen Pferde kam er dann zu Reichtum. Sein Sohn aber brach sich eines Tages beide Beine beim Reiten, worauf erneut alle zu dem Alten kamen, um ihn zu bedauern. Der aber sprach wieder: „Woher wollt ihr wissen, dass es ein Unglück ist?"

Plötzlich überfiel der Hu-Stamm das Grenzgebiet. Alle jungen Männer kämpften mit Pfeil und Bogen, um es zu verteidigen, und neun Zehntel von ihnen verloren dabei das Leben. Da der Sohn ein Krüppel war, kamen er und sein Vater unversehrt davon.[20]

VI. Dauer und Ewigkeit

Die Dauerhaftigkeit ist, wie es so viele Bilder im *Laozi* deutlich machen, eines der ganz wichtigen Themen im Daoismus, ja man kann sogar sagen, es ist ein daoistisches Ideal schlechthin. Gerade die vielen der Vegetation entnommenen und an Fruchtbarkeit erinnernden Bilder im *Laozi* (die Wurzel, das Wasser, aber auch die Mutter, das Tal usw.) zeigen, dass die daoistische Dauerhaftigkeit sozusagen der Natur abgeschaut ist. Die Natur funktioniert – oder sollte man besser sagen: „geschieht"? – als ein dauerhafter, stetiger Ablauf. Dabei ist zuerst an die Jahreszeiten zu denken, deren wiederkehrender und regelmäßiger Wechsel das Leben in der agrarischen Gesellschaft ordnet. An diesem Lauf der Zeiten orientiert sich der Alltag, und alle Tätigkeiten, alle Arbeiten sind daran ausgerichtet oder hängen damit zusammen. Die regelmäßige Wiederkehr der Jahreszeiten, das erneute Wachstum aller Dinge im Frühjahr ist Grundlage des Überlebens und damit auch die Grundlage der Gesellschaft und der Kultur.

Die Neugeburt des Lebendigen im Laufe der Zeiten – wie das Aufblühen der Pflanzen im Frühjahr – ist dabei keine jeweils durch und durch neue Geburt, es ist vielmehr die Fortsetzung des Geschehens, das eigentlich nie wirklich unterbrochen gewesen ist. Der Kreislauf oder der Fortgang von Geburt und Tod, von Werden und Vergehen ist ein dauerhafter Lauf des Geschehens, es ist der eigentliche „Weg", das Dao sozusagen „als solches".

Mit dem Lauf der Jahreszeiten korrespondiert auch der Lauf der Himmelskörper. Durch den Auf- und Untergang von Sonne und Mond wechseln Tag und Nacht einander in immer wiederkehrender Regelmäßigkeit ab, durch sie werden, ebenso wie durch die Jahreszeiten, die Phasen der Ruhe und der Tätigkeit in ein harmonisches Wechselgeschehen eingebunden. Aber auch die Sterne am Nachthimmel zeugen von einer regelmäßigen Ordnung, von einem Lauf der Zeit, der einem Muster der Wiederkehr folgt. Dauerhaftigkeit und Regelmäßigkeit gehören deswegen untrennbar zueinander. Das, was dauerhaft ist, ist dauerhaft als regelmäßiges Wechselgeschehen, als eine immer wiederkehrende und nie abbrechende Folge von Ereignissen, die es ermöglicht, das Leben zu ordnen und zu gestalten. Dauerhaftigkeit und Regelmäßigkeit machen den Lauf der Natur aus, und es ist am Menschen, sich diesem Lauf einzufügen, an der Dauerhaftigkeit und an der Regelmäßigkeit teilzunehmen. Dies zu vermögen, heißt dem Dao oder dem „Weg" zu folgen.

So wie einerseits in der Natur Dauerhaftigkeit stets sichtbar ist und geradezu vorgelebt wird, so finden sich aber auch immer wieder Beispiele für Unterbrechungen der Dauer. Auch in der Natur gibt es Fehlhandlungen, auch dort gibt es immer wieder Störungen der Ordnung, Unregelmäßigkeiten, Abweichungen und sogar Natur*katastrophen*. Bisweilen stirbt etwas, was doch noch lange leben sollte, bisweilen wächst etwas nicht, was wachsen sollte, oder es tritt etwas nicht ein, was doch eigentlich an der Zeit wäre. Die Orientierung an der Regelmäßigkeit geht deshalb ständig einher mit der Furcht vor der Unregelmäßigkeit. Das Ideal der Dauer geht einher mit dem Schreckensbild des Abbruchs. Die Verehrung der andauernden Zeit geht einher mit der Bedrohung durch das Unzeitige und Vorzeitige.

Wenn der *Laozi* in Kapitel 5 den unermüdlichen und unerschöpflichen „Blasebalg" zum Modell nimmt, dann heißt das zugleich, dass Verschleiß und die Vergeudung von Kräften und Energien gefürchtet werden, weil sie zu einem zu frühen Ende führen können. Der „Blasebalg" wird als Bild für den „Raum zwischen Himmel und Erde" verwendet, diesen *Hohl*raum, der gleich dem „Tor der verborgenen Weiblichkeit" (in Kapitel 6) das fruchtbare Wechselspiel zwischen Himmel und Erde ermöglicht. Wenn der „Blasebalg" zwischen ihnen gut „funktioniert", dann werden Himmel und Erde unermüdlich Leben hervorbringen können. Aber selbst hier besteht die Gefahr der Unterbrechung, die Gefahr der Übereilung, die Gefahr des Eingreifens und Aktivwerdens zur falschen Zeit. Bei einer übereifrigen und unvorsichtigen Vorgehensweise kann es auch zwischen Himmel und Erde statt zu einem fruchtbaren Austausch zu einer tatsächlich zerstörerischen Störung der Harmonie, eben zu einer Katastrophe, kommen.

Der Austausch zwischen Himmel und Erde soll, im Idealfall, ein dauerndes und Geben und Nehmen sein. Wenn Himmel und Erde jedoch, wie bei einem Gewitterregen oder einem Sturmwind, allzu plötzlich ihre fruchtbaren Energien entladen, dann wird zwischen ihnen keine wirkliche Übereinstimmung, keine *Verbindung* herrschen, sondern vielmehr eine Art gewalttätiger Verstimmung, eine bedrohliche Unordnung, und dann wird aus Fruchtbarem Furchtbares. Dies beschreibt Kapitel 23:

Sturmwind dauert keinen Morgen.
Gewitterregen dauert keinen Tag.
Was waltet hier?
Himmel und Erde,
Und doch kann keine Dauer sein.

Auch in der Natur kommt es zu destruktiven Ereignissen. Der Sturmwind und das Gewitter bringen nicht Leben hervor, sondern töten Leben. Sie zerstören die Ernte oder vernichten die Saat. Diese Vernichtung geht einher mit einer Entladung von Energie, das heißt mit einer nur kurz andauernden Eruption, in der die Kräfte unproduktiv verpuffen. Hier ist die Zeit durcheinander geraten, hier ist die Harmonie des zeitlich geordneten Geschehens gestört. An die Stelle von Stetigkeit und Dauer treten Plötzlichkeit und vorschnelles Abbrechen. Das ist die andere Seite der Permanenz: Wenn die Ordnung der Zeit verletzt wird, kommt es zu wilder und zugleich vergänglicher Unterbrechung der Dauer. An die Stelle des der Zeit entsprechenden und die Zeit „richtig" gestaltenden Wetters tritt das die Regeln der geordneten Zeit durchbrechende und auseinander sprengende Unwetter. Das Unwetter kommt zur Unzeit, es hat keine Dauer, aber gerade deswegen durchbricht es den dauerhaften, harmonischen Lauf der Zeit. Es markiert den Abbruch des Beständigen, den Einbruch zeitlicher Unordnung in die Ordnung der Zeit.

Das 23. Kapitel kontrastiert das stürmische und gewittrige Unwetter mit dem friedlichen Ablauf der Zeit. Ist die Beziehung zwischen Himmel und Erde gut „getimt“, so wird ein permanenter fruchtbarer Austausch, ein ununterbrochenes Erzeugen, ein ständiges Geben und Nehmen stattfinden, so wird statt der Vergeudung von Kraft ein kooperatives Zusammenwirken vor sich gehen. Himmel und Erde stehen sich dann nicht antagonistisch gegenüber, sondern sind in ein zeitlich harmonisches und dauerhaftes Wechselspiel eingebunden:

Der Vorgang stimmt ein mit dem Dao,
der Nehmer stimmt ein mit dem Nehmen,
der Geber stimmt ein mit dem Geben.

Eingestimmtes Nehmen –
da nimmt auch das Dao.
Eingestimmtes Geben –
da gibt auch das Dao.

Geben und Nehmen in Einstimmung bilden eine zeitliche Folge. Wenn Himmel und Erde diese Einstimmung beibehalten, dann operieren sie mit der Stetigkeit des Dao, wenn sie jedoch die Einstimmung unterbrechen, dann bricht die Kontinuität des Dao ab, und daraus wird Schaden entstehen. Der Abbruch der Kontinuität ist ein Aufbegehren gegen den natürlichen Lauf der Zeit, ein eigensinniges Durchbrechen der Harmonie, das jedoch, wie beim Gewitter und beim Sturm, gerade aufgrund der Eigenmächtigkeit und Gewalttätigkeit, aufgrund des Aufbegehrens gegen die Stetigkeit zum schnellen Niedergang und Untergang verurteilt ist.

Die Unstetigkeit des Wetters, die „zwischen Himmel und Erde“ zur Unterbrechung der Dauerhaftigkeit führen kann, soll im 23. Kapitel dem Menschen zur Warnung dienen. Wenn schon Himmel und Erde bisweilen Schwierigkeiten damit haben, die Dauerhaftigkeit fortzuführen, so fragt Kapitel 23:

Wie soll es da der Mensch vermögen?

Himmel und Erde sind in ihrem zeitlichen Lauf, in ihrem Geben und Nehmen nicht immer fehlerlos. Umso schwieriger muss es da in der Gesellschaft sein, die Ordnung der Zeit einzuhalten und die Aufgaben zur rechten Zeit zu erledigen. Es muss daher eine der ersten und wichtigsten Aufgaben des Herrschers sein, im Staat die Einhaltung der rechten Zeit zu gewährleisten. Im alten China musste der Herrscher die Jahreszeiten rituell eröffnen, und ihm, oder besser dem Kaiserhof, oblag die Erstellung des Kalenders. Und dabei war die wichtigste Funktion des Kalenders nicht die, die Zeit quantitativ zu messen, sondern vielmehr die Einteilung der Zeit gemäß dem Lauf der Natur. Die Kalendererstellung bestand gewissermaßen darin, den Ablauf der Zeit und damit deren Stetigkeit zu bestätigen und festzuschreiben, so dass in der Gesellschaft dem dauerhaften Zeitablauf entsprechend gehandelt werden konnte. Wenn es im Kontext des 23. Kapitels heißt, dass man „der Berufung“ folgen soll, so bedeutet dies auch, dass man in seinen Tätigkeiten den zeitlichen Umständen entsprechend handeln muss. Die Dauerhaftigkeit der Zeit, ihre ununterbrochene, harmonische Folge kann nur dann ungestört bleiben, wenn die Menschen nicht gegen die Zeit handeln. Um dies zu verhindern, muss der Herrscher über die Korrektheit des Kalenders und dessen Einhaltung im Volk wachen.

Die Wichtigkeit der „rechten Zeit“ für die Aufrechterhaltung der Ordnung in der Natur und gleichzeitig im Staat unterstreicht das achte Kapitel im *Laozi*. Über den idealen Herrscher wird hier nicht allein gesagt, dass er den rechten Ort wählt, ein „tiefes“ (verborgenes und damit qualitätsloses und leeres) Herz hat, dass er in seiner Regierung die „Ordnung“ nicht verletzen wird usw., sondern eben auch – und dies hängt mit allem Genannten aufs engste zusammen:

Sein Veranlassen
ist gut in Hinsicht der Zeiten.

Der gute Herrscher wird dafür Sorge tragen, dass alles, was sich in der Gesellschaft ereignet, zur rechten Zeit geschieht. Dies betrifft zuerst die landwirtschaftlichen Tätigkeiten, die zur rechten Zeit und in Übereinstimmung mit dem Kalender stattfinden müssen. Sonst wird es zur Hungersnot kommen, und die Menschen werden vor der Zeit sterben, der Staat wird vor der Zeit untergehen. Aber der Herrscher muss auch die rituellen Pflichten zur rechten Zeit erfüllen, um die Dauer und die Harmonie zwischen Himmel, Erde und Mensch zu festigen und zu bestätigen. Er muss die Opfer an Himmels- und Erdaltären zum richtigen Zeitpunkt vollziehen. Schließlich wird er auch in der Erledigung der Staatsgeschäfte der rechten Zeit gemäß handeln müssen. Wenn es beispielsweise an die Kriegsführung geht, muss wiederum der Zeit entsprechend gehandelt werden. Ein Angriff, der zu früh erfolgt, oder ein zur Unzeit befohlener Rückzug wird den Staat vernichten, es wird zum Abbruch der Dauerhaftigkeit des Staatswesens kommen.

Der Abbruch oder die Unterbrechung des Dauerhaften zur falschen Zeit ist mit aller Sorgfalt zu vermeiden. Nichts soll vorzeitig enden – aber es soll auch nichts zu lange Zeit einnehmen und dadurch den dauerhaften Wandel aufhalten. Dass alles seine rechte Zeit haben soll, bedeutet deshalb auch, dass das, was zu Ende geht, auch zur rechten Zeit enden muss und dem Nachfolgenden – nicht Platz, sondern sozusagen – „Zeit" machen muss. Dies wird in Kapitel 44 deutlich gesagt:

Also,
zu wissen, wann es genug ist, heißt, ohne Schande zu sein;
zu wissen, wann Schluss ist, heißt, ohne Gefährdung zu sein.
Lange Dauer wird möglich.

Die Dauerhaftigkeit des Wechselgeschehens von Werden und Vergehen beruht auch darauf, dass das, was zu vergehen hat, auch wirklich vergeht und nicht den Lauf des Geschehens aufhält. Eine Jahreszeit, die zu lange andauert, hält das Kommen der nächsten auf. Eine Tätigkeit, die zu lange Zeit in Anspruch nimmt, verhindert den rechtzeitigen Beginn der folgenden Tätigkeit. So gerät die Geschehensfolge durcheinander. Die Dauerhaftigkeit hängt nicht nur davon ab, dass nichts zu früh geschieht und nichts zu kurz währt, sondern genauso davon, dass nichts über seine Zeit hinaus bleibt. Alles zusammen bildet die Voraussetzung für die „lange Dauer". Deshalb kann auch das zu lange Verweilen zur Unterbrechung der Ordnung der Zeit, zum Verlust der Dauer führen. In diesem Sinne können auch die folgenden Zeilen aus Kapitel 64 verstanden werden:

Also heißt es:
> *Sei auf das Ende so achtsam wie auf den Beginn,*
> *dann wirst du nicht an der Aufgabe scheitern.*

Beim Aneinanderfügen der Zeitsegmente zu einer reibungslosen Kette ist der Beginn des einen Segmentes ja zugleich an das Ende des vorausgehenden angeschlossen und von diesem unmittelbar abhängig. Anfang und Ende sind daher in ihrer Bedeutung für die Dauerhaftigkeit gleich, sie sind gleich wichtige Begrenzungen der rechten Zeit innerhalb des Zeitlaufs. Wenn man „gut ist, in Hinsicht der Zeiten", dann wird man dementsprechend gleichermaßen auf Beginn und Ende achten. Gerade damit die Zeit nicht aufhört, müssen die einzelnen Abschnitte des Zeitenlaufs enden, sobald ihre Zeit vorbei ist. Die „lange Dauer" der Ununterbrochenheit setzt voraus, dass kein Segment, gleich in welcher Richtung, seine Zeit verfehlt.

Die Grundstruktur der daoistischen Zeitauffassung, wie sie im *Laozi* zur Sprache kommt, basiert auf der Unterscheidung von Dauerhaftigkeit und Unterbrechung. Dauerhaftigkeit ist das Ideal, und sie kommt zustande, wenn es keine Unterbrechungen gibt. Die ununterbrochene Dauer ist aber nicht die Dauer des immer Gleichen, sondern vielmehr die ununterbrochene, nahtlose Folge der Zeitsegmente. Ununterbrochenheit bedeutet also nicht, dass alles stets gleich bliebe, dass die Zeit gewissermaßen verharrte, sondern vielmehr, dass die den Fortgang der Zeit bildenden Elemente in ununterbrochener Folge aneinander anschließen. Dieser ununterbrochene Anschluss wird durch zwei Formen zeitlichen Fehlverhaltens gefährdet: Tätigkeiten oder Dinge können entweder zu schnell vor sich gehen und so nicht bis an ihr Ende gelangen und ihre Zeitspanne nicht erfüllen, oder aber sie können zu lange bleiben und so den Lauf des Geschehens hemmen. Die Ununterbrochenheit bedarf der ständigen Achtsamkeit über Beginn und Ende.

Wenn die Zeitkonzeption, oder sagen wir das Zeitideal, im *Laozi* als eine Art Zeitkette verstanden werden kann, deren Ununterbrochenheit auf der *Rechtzeitigkeit,* auf dem regelmäßigen Anfang und Ende der Zeitglieder beruht, so lässt sich weiter fragen, ob diese Kette selbst einen bestimmten Anfang in der Zeit (oder vielleicht sogar außerhalb der Zeit) hat oder ob sie, etwa wie eine Halskette, zu einem Kreis ohne Anfang und Ende zusammengeschlossen ist.

Einige Textstellen im *Laozi* scheinen darauf hinzuweisen, dass die dauernde Zeit tatsächlich einmal einen Anfang hatte. Mit diesem Anfang der Zeit verhält es sich jedoch ähnlich wie mit dem Ursprung: Es ist ein Anfang, der mitten in der Zeit liegt und ihr nicht wirklich voransteht. Doch schauen wir zuerst einmal auf die „Anfangsstellen" im *Laozi:* In Kapitel 14 wird gefordert zu erkennen, „was in alter Zeit den Anfang machte", und Kapitel 52 beginnt folgendermaßen:

Die Welt hat einen Anfang;
er gilt als Mutter der Welt.

Hier wird man sogleich an das erste Kapitel erinnert, wo ebenfalls von einem Anfang und einer Mutter gesprochen wird. Es scheint also, als habe die Zeit irgendwann begonnen und sei von dort ausgegangen und so fort, auf einem geraden Zeitstrahl, der von einem Anfang in ferner Vergangenheit über die Gegenwart bis in die Zukunft führt. Aber derart linear fährt das 52. Kapitel nicht fort. Es folgen vielmehr, unter anderem, diese etwas kryptischen Worte:

Kehre um zur Mutter und bewahre sie;
bleibe ungefährdet von der Vergänglichkeit des Leibes.

Offenbar kann man zu diesem Anfang, der als „Mutter der Welt" gelten kann, „umkehren". Und indem man dies tut, kann man die Mutter „bewahren" und außerdem wird man „ungefährdet von der Vergänglichkeit des Leibes" bleiben. Die Möglichkeit der Rückkehr zum Anfang deutet zunächst darauf hin, dass die Zeit offenbar als eine Art Kreislauf verstanden wird, als ein Kreislauf des Werdens und Vergehens. Wenn man wieder an das Bild der Wurzel zurückdenkt, so wird deutlich, wie die Pflanze am Ende der einen Blüteperiode, sagen wir im Herbst, gewissermaßen „zur Mutter zurückkehrt", so dass dann im nächsten Frühjahr wieder eine neue Pflanze die Kette des Werdens und Vergehens fortsetzen kann. Jedes Kettenglied, jede aufblühende und welkende Pflanze, ist ein Kreis des Wachsens und Verwitterns und kehrt am Ende wieder zu dieser „verborgenen" Mutter zurück. An jedes Kettenglied schließt ein neues an, so dass eine anfang- und endlose Aneinanderreihung von Anfang und Ende entsteht, indem jeder Anfang sich zum Ende umkehrt. Insgesamt ist also die Bewegung der Zeit, wie die einer Halskette, eine Bewegung der Wende, eine Bewegung der Umkehr. So wird die Mutter oder „der Anfang" stets inmitten der Zeit „bewahrt", ebenso wie die Wurzel inmitten der wachsenden und welkenden Pflanze bewahrt wird und ebenso wie der anwesende Ursprung stets verborgen inmitten des Geschehens bleibt. Die Umkehr ist in den Lauf der Zeit integriert, sie macht den Lauf der Zeit aus. Und eben diese Umkehr sichert die Dauer, die „Unvergänglichkeit des Leibes" insgesamt, obwohl doch alle einzelnen Leiber vergehen. So endet das 52. Kapitel mit dem Fazit:

Das heißt: „der Beständigkeit folgen".

Der Beständigkeit oder Dauerhaftigkeit folgt man, indem man „zur Mutter umkehrt". Diese Umkehr zum Anfang ereignet sich in jedem „rechten" zeitlichen Ablauf, denn jedes Zeitsegment geht in einer Kreisbewegung in seinem Fortlauf von seinem Anfang aus auf sein Ende zurück. Und dieses Anfangen und Enden ermöglicht ein neues Anfangen und Enden. In der Mitte zwischen diesem immer neuen Anfangen und Enden ist „nichts“, die leere Mitte, die verborgene Wurzel, der dunkle Anfang alles Anfangens und Endens, der doch dem Anfangen und Enden nicht vorausgeht, sondern darin eingeschlossen ist. So geht das Dao als der gesamte Geschehensablauf auf sich selbst als seinen leeren und deshalb unverbrauchbaren, nie wirklich vergangenen Anfang zurück, und zwar andauernd. Deshalb ist es in seiner Gesamtheit nicht von der Vergänglichkeit des Leibes, vom Vergehen der einzelnen Zeiten gefährdet. Alles vergeht, aber die in sich umkehrende Dauerhaftigkeit des Werdens und Vergehens vergeht nicht.

Der daoistische Anfang, wie ihn der *Laozi* beschreibt, lässt sich nicht fassen, er bleibt verborgen, aber er ist nicht jenseits des Zeitgeschehens. Bevor im 14. Kapitel von dem die Rede ist, das „in alter Zeit den Anfang machte“, heißt es dort:

Folge ihm –
du siehst nicht seinen Rücken.
Geh ihm entgegen –
du siehst nicht sein Gesicht.

Der daoistische Anfang der Zeit ist im *Laozi* eingebettet in die Gegenwart. Aus ihm heraus ereignet sich die Zeit – oder genauer: ereignen sich die Zeiten – immer wieder aufs Neue. Dieser Anfang ist nicht ein Anfang, der „über“ oder „vor“ allem liegt, sondern in allem steckt. Man folgt dem Zeitenlauf, und man geht, indem man auf das Ende zugeht, dem neuen Anfang entgegen, aber dieser Anfang zeigt sich nicht, weder von hinten noch von vorn. Innerhalb eines jeden Zeitsegments ist man ganz und gar in diesem Zeitsegment: Im Frühjahr wird man sich ganz und gar dem Frühjahr entsprechend verhalten, und dann im Sommer dem Sommer entsprechend. Man geht ganz in der Gegenwart der Zeit auf. So wird jedes Zeitsegment seinen Anfang und sein Ende rechtzeitig und ungestört, ohne Übereilung und ohne zu langes Verweilen, nehmen. Wie „aus dem Nichts“ heraus nimmt dabei jedes Zeitsegment seinen jeweils neuen Anfang, wenn das vorangehende zu Ende gegangen ist. Der Anfang bleibt in diesem dauerhaften Wechsel stets unsichtbar, aber er ist immer da, er bleibt unverbraucht inmitten der sich drehenden Zeit.

Die Zeitkonzeption im *Laozi* ist dementsprechend auf zwei Strukturelemente aufgebaut: erstens der *Zeitenlauf*, das heißt der regelmäßige und dauerhafte Wechsel aller Zeitsegmente, und zweitens der *Anfang*, jener zeitlose Anfang inmitten der Zeit, der die Ordnung, den regelmäßigen Zeitlauf von innen heraus garantiert. Der nicht vergehende Anfang wird durch Bilder wie das der Wurzel (inmitten der aufblühenden und welkenden Pflanze) oder das der Nabe (inmitten der um sie kreisenden Speichen) symbolisiert. Im Bereich der Zeitsegmente muss Rechtzeitigkeit herrschen, das heißt: rechter Beginn und rechtes Ende, damit alle Segmente ein anfang- und endloses Geschehen ergeben. Und zwischen jedem Anfang und jedem Ende liegt eine ausgedehnte Gegenwart. Eine solche Gegenwart oder Präsenz schließt an die andere an. Die Zeit ist eine Folge von jeweils ganz gegenwärtigen oder „präsenten" Segmenten. Für den „Kern" der Zeit, für den Anfang jedes neuen Anfangs gilt demgegenüber, dass er den Zeitenlauf im Lot halten muss. Dies ist die Aufgabe des Herrschers, wenn er den Kalender erlässt und über die Einhaltung des rechten Anfangens und Endens der Jahreszeiten wacht, damit Dauerhaftigkeit entsteht und keine Unterbrechungen in der Kette der „Gegenwarten", in der Kette der Präsenz, auftreten. Die daoistische Konzeption der Zeit im *Laozi* ist eine der Dauer als stetige kreis- oder *kettenartige Folge von gegenwärtigen Phasen,* gestützt durch einen „verborgenen" – und das heißt: *nicht gegenwärtigen und nicht-präsenten, aber gleichfalls und gerade deshalb auch nicht vergehenden* – Anfang der Zeit in der Mitte der Zeitkette, der die Unterbrechung der Dauer des Gegenwärtigen verhindern soll.

Die Konzeption der Zeit im *Laozi* unterscheidet sich ganz wesentlich von einigen Zeitvorstellungen, die in der westlichen Philosophie maßgeblich wurden. Der christliche „Kirchenvater" Augustinus (354–430) etwa behauptete eine grundlegende Differenz von irdischer Zeitlichkeit und göttlicher Ewigkeit. Nach Augustinus erfahren wir schon im Wort Gottes am Anfang der Zeit die abgrundtiefe Verschiedenheit zwischen unserer Welt „hier unten“ und dem göttlichen Reich „darüber“: Angesichts des „schweigend-zeitlosen“ Wort Gottes sagt sich der zeitliche Augustinus über sein zeitliches Hören dieser Worte: „Dies ist etwas anderes, ganz etwas anderes (...) weil es flüchtig ist und vergeht, ‚wogegen das Wort‘ meines Gottes über mir ‚bleibt in Ewigkeit‘.“[21] Hier offenbart sich der schroffe Gegensatz zwischen erschaffender Ewigkeit und erschaffener Zeitlichkeit, zwischen Diesseits und Jenseits, ein Gegensatz, der so schroff ist, dass „keine Zeit und kein Geschöpf teilhat an“ Gottes Ewigkeit.[22]

Es gibt auf den ersten Blick einige Motive in der christlichen Zeitlehre des Augustinus, die auch im *Laozi* aufzutauchen scheinen: der Unterschied zwischen einem nicht vergehenden Anfang und einer „ablaufenden“ Zeitlichkeit und auch die empfohlene „Rückkehr“ zu diesem Anfang. Aber diese Parallelen sind nur oberflächlicher Art. Denn während im *Laozi* der dauernde Anfang zeitlos *inmitten* der Zeit ist, geht der göttliche Anfang dem Zeitlichen transzendent voraus. Dieser Unterschied zwischen *Laozi* und Augustinus ist der zwischen Ewigkeit und Dauer: Während Gott bei Augustinus ein ewiger Anfang völlig über der Zeit ist, ist im *Laozi* der Anfang ins Diesseits integriert: so wie die leere Mitte im Blasebalg, die Wurzel in die Pflanze, die Nabe ins Rad usw. Die daoistische *Dauer* ist *zeitimmanent,* die göttliche *Ewigkeit* ist *zeittranszendent.*

Anders als im *Laozi* genießt bei Augustinus auch die „langhin dauernde Zeit“ kein Ansehen. Für Augustinus ist diese nur eine schlechte Kopie der wirklichen und wahrhaften jenseitigen Ewigkeit. Das Zeitliche ist aus seiner Sicht nur ein Abglanz „vom Glanz der immer stehenden Ewigkeit“. Diesem Glanz gegenüber verblasst die vergehende Zeit, selbst wenn sie den Anschein langer Dauer hat. Denn auch das lang Dauernde ist für Augustinus „nur“ die „bewegte Folge flüchtiger Augenblicke“. Das Zeitliche kann bei Augustinus überhaupt nicht richtig oder

„stetig“ gegenwärtig sein, denn es ist ja vergänglich und „flüchtig“. Für Augustinus ist nur Gottes Ewigkeit wirklich „stete Gegenwart“ oder „immer präsent“.[23]

Mit dem Unterschied zwischen der Dauerhaftigkeit im *Laozi* und der Ewigkeit bei Augustinus geht damit ein zweiter Unterschied einher. Im *Laozi* wird die zeitliche Gegenwart oder die Präsenz durch die „zeitlose“ Mitte (durch die Nicht-Präsenz, wenn man so will) bejaht und getragen, während bei Augustinus wirkliche Präsenz ins überzeitliche Jenseits „ausgelagert“ wird. Im *Laozi* wird die vergehende Zeit nicht missachtet und deren Dauer gewollt – eine Dauer, die, wie gesagt, eine Dauer des Wechsels und Wandels ist. Bei Augustinus aber gilt die vergehende Zeit als Reich des Irrtums, als flüchtiges „Gewölk“, das zerrissen werden muss, um den Durchblick in die überzeitliche Gegenwart zu erhalten. Im *Laozi* hat sowohl die Dauer als auch der mit ihr verbundene Wandel hohes Ansehen, während Augustinus Dauer und Wandel gering schätzt.

Da im *Laozi* keine Dimension des Ewigen über der Zeit existiert, wird auch die ausgedehnte Gegenwart nicht abgewertet oder gar geleugnet, sondern gerade als Dauer bejaht. Man kann, daoistisch gesehen, sehr wohl in der ausgedehnten Gegenwart leben, nämlich dann, wenn man ganz in der gerade währenden Zeitphase aufgeht und mit ihr und in ihr lebt und sich ihr entsprechend verhält. Im *Laozi* bilden der dauernde Wandel und der zeitlose Anfang darin eine einzige Wirklichkeit ohne Echtheitsgefälle.

Aber auch für Augustinus gibt es schließlich eine besondere „Gegenwart“ des Zeitlichen in der Zeit, allerdings keine „stetige“, sondern eine augenblickhafte in der „Seele“, in der wir die Zeit, seiner Ansicht nach, messen.[24] Im „Geist“, unserem Verbindungsglied zur göttlichen Ewigkeit, wird uns Zeit „gegenwärtig“. In dieser Form „ist“ also die Zeit, aber sie ist eben nur im menschlichen Geist, in der Seele, im Bewusstsein. Mit dieser Vorstellung, die die Zeit an eine Art „Geistesgegenwart“ knüpft, an eine menschliche, gottgegebene Seele, an ein „Bewusstsein“, wird nochmals der Unterschied der Augustinischen Zeitphilosophie zum *Laozi* deutlich. Der Bruch zwischen Ewigkeit und Zeitlichkeit wird in der menschlich-göttlichen Seele gewissermaßen überbrückt. Die unsterbliche Seele ermöglicht das Erleben des Vergänglichen. Ein solches Bindeglied zwischen den Dimensionen der Zeit findet sich im *Laozi* nicht. Dort ist nirgends von Zeit als einer Art menschlicher Bewusstseinsleistung die Rede, und Zeit ist auch nichts, das exklusiv mit menschlicher Existenz zu tun hat. Eine solche augustinisch-christliche Vorstellung von der innigen Verbindung von Zeit und menschlichem Dasein oder menschlichem Bewusstsein wirkt auf jeweils eigene Weise in der westlichen, modernen „Existenzphilosophie" der Zeit nach, sei es bei Kierkegaard, bei Heidegger oder bei Sartre. Im *Laozi* aber ist die Zeit nichts Geistiges und nichts exklusiv Menschliches. Sie ist vielmehr ein „natürlicher" Rhythmus, der allem erlaubt, im Werden und Sterben jeweils dauerhaft ganz und gar gegenwärtig zu sein – und nicht nur für einen „geistesgegenwärtigen" Augenblick.[25]

VII. Der Tod, das Nichts und die Todesstrafe

Die Haltung zum Tod im *Laozi* ist auf den ersten Blick zwiespältig, oder sie hat sich zumindest in der Geschichte des Daoismus als zwiespältig erwiesen. Im *Laozi* wird immer wieder das Ideal der Dauer, der ununterbrochenen Kontinuität betont: „Der Geist des Tales stirbt nicht" (Kapitel 6). Der „Geist des Tales" nutzt sich nicht ab, er ist gewissermaßen, wie es im deutschen Sprichwort gar nicht so undaoistisch heißt, ein Unkraut, das nicht vergeht. Ausgehend von dieser dem Dao zweifelsohne zugesprochenen Unverwüstlichkeit lässt sich nun die Schlussfolgerung ziehen, dass der Tod etwas aus daoistischer Perspektive Vermeidbares und somit auch tatsächlich zu Vermeidendes sei. In dieser Hinsicht ist der *Laozi* jedenfalls in China selbst oft – wenn nicht sogar überwiegend – verstanden worden. Innerhalb der Geschichte des religiösen Daoismus, der als solcher im zweiten Jahrhundert n.u.Z. entstand, spielt die körperliche Unsterblichkeit eine ganz zentrale Rolle. Das Ideal der Unsterblichkeit und daran geknüpfte Praktiken und Techniken existierten zwar lange vor der eigentlichen „daoistischen Religion", wurden aber von dieser eben unmittelbar auf den *Laozi* als Text und die vergöttlichte Person des Laozi bezogen. Mit der daoistischen Religion und in dieser wurde somit der *Laozi* vielfach (wenn auch nicht ausschließlich) als Text zur Überwindung der Sterblichkeit verstanden.

Die im religiösen Daoismus so wichtige Auslegung der Todesphilosophie im *Laozi* als Lehre zur Erlangung andauernden Lebens kann an einige Kapitel des Textes – wie das genannte sechste – anschließen und ist deshalb keinesfalls „falsch". Aber sie entspricht auch nicht genau der Konzeption des Todes, wie sie in der an den *Laozi* anknüpfenden daoistischen Philosophie ausgeführt wurde. Der großartigste Text der daoistischen Todesphilosophie ist das heute in der Edition von Guo Xiang aus dem dritten Jahrhundert n.u.Z. erhaltene Werk *Zhuangzi*.

Hier erscheint der Tod keinesfalls als etwas, dem man aus dem Weg gehen kann oder soll. Im Gegenteil, der Tod wird hier durchaus bejaht und als dem Leben gegenüber gleich echt und gleich wertvoll dargestellt. Leibliche Unvergänglichkeit, wie sie der religiöse Daoismus (oft) anvisiert, erscheint aus dieser Perspektive nicht als daoistisches Ideal und wird auch nicht mit dem *Laozi* verbunden. Aus der Sicht eines auf den *Zhuangzi* gründenden daoistischen Denkens muss der *Laozi* somit zwar durchaus als auf Dauerhaftigkeit ausgerichtet erscheinen, aber diese Dauerhaftigkeit wird als eine verstanden, die den *Wechsel* von Tod und Leben meint und nicht nur einseitig auf das Leben hin ausgerichtet ist. Insofern ist die Langlebigkeit *(shou),* die der Daoismus im Besonderen ebenso wie die chinesische Philosophie im Allgemeinen so hoch schätzt, nicht etwa ein einfaches „am-Leben-Bleiben", sondern vielmehr ein Geschehen, das in seinem Fortgang auch noch den Tod integriert. Hier ist die Permanenz des Kreislaufs von Tod und Leben das Unvergängliche. Dementsprechend heißt es am Ende des 33. Kapitels im *Laozi:*

Was stirbt und nicht vergeht, das hat ein langes Leben.[26]

„Philosophisch" (d. h. hier und im Folgenden im Sinne des „philosophischen Daoismus" in Guo Xiangs *Zhuangzi*) gelesen sind die eindrucksvollen Kapitel, in denen im *Laozi* Tod und Leben nebeneinander gestellt werden, als Bebilderungen des stetigen Wechselspiels zwischen Werden und Vergehen zu lesen und nicht, wie es aus „religiösem" (d. h. hier und im Folgenden im Sinne einer auf Unsterblichkeit abzielenden daoistischen Praxis) Blickwinkel scheinen könnte, als Illustrationen der Lebenserhaltung. Ich selbst neige jener philosophischen Sichtweise zu und deute daher den *Laozi* hier tendenziell so, wie er im *Zhuangzi* verstanden wurde, und nicht so, wie ihn religiöse Kommentatoren (im genannten Sinne) verstanden. Unter Vernachlässigung der im *Laozi* durchaus vorkommenden Aspekte der Körperkultivierung und Lebensverlängerung wird der Blick hier somit auf die dort genauso angelegte Gleichwertigkeit von Leben und Tod gelenkt. Kapitel 76 etwa stellt Totes und Lebendiges gleichberechtigt-vergleichend gegenüber:

Lebendig ist der Mensch
biegsam und weich,
tot ist er, ausgestreckt das Ende erreichend,
fest und hart.
Lebendig sind die zehntausend Dinge, Gräser und Hölzer
biegsam und zart,
tot sind sie
vertrocknet und morsch.

Also heißt es:
Festigkeit und Härte
sind die Begleiter des Todes.
Biegsamkeit, Weichheit, Winzigkeit, Feinheit
sind die Begleiter des Lebens.

Offenbar sind Tod und Leben gegensätzliche Phasen. Die Dinge und Wesen verändern sich im Laufe des Wachstums- und Verfallsprozesses: Totes erstarrt, Lebendiges ist elastisch. Aber beide Phasen können, philosophisch verstanden, als gleichermaßen echt oder wirklich gelten. Dementsprechend kann man auch den Beginn des 50. Kapitels lesen, in dem wieder von den „Begleitern" des Todes und denen des Lebens die Rede ist:

Hinausgehen ins Leben,
Eintreten in den Tod.

Die Begleiter des Lebens sind dreizehn.
Die Begleiter des Todes sind dreizehn.
Und für die Menschen, die sich ihr Leben lebend bewegen,
werden sie alle zu dreizehn Stellen des Weges in den Tod.
Und aus welchem Grund?
Weil jene das Leben leben.

Diese Zeilen können mit Verweis auf das 76. Kapitel als eine weitere Darstellung der Verbindung von Leben und Tod verstanden werden: Leben und Tod lösen einander ab und gehören zusammen. Auf Lebenszeit wird Todeszeit folgen, wie auf den Tag die Nacht. Das „Hinausgehen ins Leben“ wird zum „Eintreten in den Tod“, denn der „Weg“ (das Dao) umfasst beides. Aus der Perspektive dieses Kreislaufs ergänzen sich beide Phasen zu einer Runde, bei der das Hinausgehen immer zugleich ein Eintreten in die nächste ist.

Somit ist das Erreichen hohen Alters zwar einerseits ein Zeichen dafür, dass man seine Lebenszeit auch tatsächlich vollendet und vervollkommnet hat, aber andererseits keinesfalls ein Zeichen endlosen Fortlebens. Wer ein hohes Alter erreicht, der tritt erst dann, wenn es Zeit dafür ist, in den Tod ein – und nicht verfrüht. Dies ist, aus philosophischer daoistischer Perspektive, der Sinn des hohen Alters. Wer richtig lebt, der wird auch die volle Zeitspanne der Lebenszeit leben – anders als etwa der „Gewaltsame“, über den es in Kapitel 42 heißt, dass er „nicht sein natürliches Alter“ erreicht. In einer perfekten Gesellschaft werden die Menschen alt, aber dies bedeutet nicht, dass sie dem Tod entgingen, sie sterben vielmehr zur rechten Zeit. Im achtzigsten Kapitel des *Laozi,* das das perfekte daoistische Land beschreibt, bleiben die Menschen an ihrem Ort „bis ins Alter, bis in Tod“ – aber sie werden nicht (wie es „religiöse“ Daoisten versuchten) unsterblich.

Und dennoch, trotz der Gleich-gültigkeit von Tod und Leben, scheinen manche Verse im *Laozi* doch den Tod als eine Art Fehler darzustellen, der zu vermeiden ist. In Kapitel 67 wird gewarnt:

gibt man die Zurückgezogenheit auf
und bleibt voran,
dann stirbt man.

Gibt es also doch eine Strategie, die Todlosigkeit zu erreichen und das Sterben zu verhindern? Ist der stetige Kreislauf von Leben und Tod noch nicht alles? Dies scheint jedenfalls auch der zweite Teil des vorhin bereits erwähnten 50. Kapitels zu sagen:

Nun, man hört von denen, die das Leben gut in der Hand haben:
Gehen sie über die Berge,
weichen sie weder vor Büffeln noch vor Tigern.
Ziehen sie in den Krieg,
tragen sie weder Rüstung noch Waffen.
Für die Büffel ist nichts da,
wohin ihre Hörner stießen.
Für die Tiger ist nichts da,
wonach ihre Krallen griffen.
Für die Waffen ist nichts da,
was ihre Klingen fasste.
Und aus welchem Grund? –
Weil jene keine Stellen des Todes haben.

Haben letztlich doch religiöse Interpreten des *Laozi* Recht, wenn sie die körperliche Unsterblichkeit als daoistisches Hauptziel verstehen? Dies muss nicht unbedingt so sein, wenn man die Doppelstruktur der daoistischen Argumentation berücksichtigt, wie man sie so oft und in so vielen Bildern des *Laozi* findet: Das zentrale Moment eines Geschehens – das Machtzentrum, die Leere inmitten der Fülle – ist dauerhaft, während um es herum ein permanentes Wechselgeschehen stattfindet. Die Wurzel ist der dauerhafte „Kern“ der im Frühjahr wachsenden und im Herbst welkenden Pflanze. Die leere, unerschöpfliche Mitte des Blasebalgs ermöglicht das dauerhafte Ein- und Ausblasen der Luft. So gehören Permanenz und Wandel zusammen. Der ideale daoistische Herrscher ist dementsprechend im *Laozi* – wie die leere Mitte des Blasebalgs, wie die Wurzel der Pflanze – selbst „unverwundbar“ und dauerhaft. Und gerade deshalb werden um ihn herum in der Gesellschaft – so wie im 80. Kapitel beschrieben – alle Menschen ihr volles Alter erreichen, um dann zu sterben.

Die daoistische Unsterblichkeit, wie sie im *Laozi* erscheint, ist keinesfalls die Unsterblichkeit aller. Der Herrscher, an den sich der *Laozi* als Text richtet, soll „keine Stellen des Todes haben“ (*Laozi* 50), er soll – gleich der Wurzel – in der „Zurückgezogenheit“ bleiben, um nicht zu vergehen (*Laozi* 67). Dadurch wird das Volk, das von ihm beherrscht wird, das „natürliche Alter“ erreichen (*Laozi* 42) und „langlebig sein“ (*Laozi* 33), aber es wird ebenso natürlich versterben. Die Dauerhaftigkeit des herrschenden (und leeren) Zentrums ermöglicht die Permanenz des wechselhaften Geschehens, die Dauer des Kreislaufs im Bereich des Beherrschten.

Im religiösen Daoismus wurde diese Doppelstruktur auf die Erhaltung des persönlichen Körpers übertragen. Hier sollte dann nicht mehr der Staatskörper dauerhaft werden, sondern der eigene, und zwar im Wesentlichen durch die Entleerung des Zentrums, nämlich des Herzens, das dann im Körper dieselbe Funktion erfüllt wie der politische Herrscher im Staat. In der daoistischen Philosophie des *Zhuangzi* aber ist demgegenüber die Entleerung des „Ichs“, die Verabschiedung von jeglicher Fixierung auf ein Selbst, die daoistische Qualität, die es ermöglicht, den permanenten Wechsel körperlichen Werdens und Vergehens zu ertragen und zu bejahen. So gesehen ist die Unsterblichkeit im Daoismus immer die des Gesamtgeschehens, aber keinesfalls die bestimmter Elemente darin. „Der Geist des Tales stirbt nicht“ – aber alles, was im Tal wächst, wird darin auch wieder vergehen. Permanent ist nur der Wechsel insgesamt (und die ihn ermöglichende Leere in seiner Mitte).

Der Tod wird also im *Laozi* durchaus hingenommen und nicht wirklich transzendiert. Der Tod (und das Vergehen) gehört ins dauerhafte Geschehen hinein, er ist eine dem Leben gleichberechtigte Phase – so wie Herbst und Winter eben genauso echt sind wie Frühling und Sommer und so wie die Nacht genauso gültig ist wie der Tag. Die Dauerhaftigkeit von Leben und Tod wird dabei in einer leeren Mitte verankert, die selbst zwar unsterblich ist, aber auch nicht wirklich lebendig. Denn der Preis für die Dauerhaftigkeit ist ja die Aufgabe jeder positiven Eigenschaft. Wer dem Wechsel von Tod und Leben entgehen will, der darf sich nicht zeigen, muss stets verborgen bleiben, in Zurückgezogenheit und Unbeweglichkeit verharren. Ein solcher Unsterblicher ist unsterblich, weil er keine „Stellen des Todes" und dadurch eben auch keine „Stellen des Lebens" mehr hat – gleich der Wurzel unter der Erde oder der leeren Nabe im Rad. Der Tod wird also einerseits dem Leben in seiner Echtheit völlig gleichgestellt, und das bedeutet andererseits zugleich, dass wer dem Tod entgeht auch dem Leben entgeht. Ins Leben hinaustreten heißt, in den Tod einzugehen. Die Wurzel tritt nicht selbst ins Leben ein – sie kommt ans Licht –, aber sie lässt die Pflanze aufblühen und wieder „eingehen". Das Dauerhafte des Wechselgeschehens von Wachstum und Verfall beruht dementsprechend nicht einfach und einseitig auf einer Unsterblichkeit, sondern gleichfalls und im selben Maße auf einer „Unlebendigkeit". Die Unsterblichkeit und Unlebendigkeit der leeren Geschehensmitte ist die Verankerung des andauernden Lebens und Sterbens in der Fülle des Geschehens.

Indem die Todesphilosophie des *Laozi* keine Todesüberwindung, sondern vielmehr eine Todesbejahung beinhaltet, ist sie, wenn man so sagen darf, „biologisch" ausgerichtet. Zum biologischen Lebensbegriff gehört ja das Sterben untrennbar hinzu. Leben und Sterben sind hier *Phasen der Vegetation*. Alles, was hervortritt, was eine bestimmte *Identität* hat, muss für dieses Leben mit dem Tod „bezahlen". Die eine Phase ist nicht ohne die andere zu haben. Die Unsterblichkeit zu erlangen heißt dementsprechend, auf jede Identität, auf jedes lebendige Hervortreten zu verzichten. Dauerhaft sind nur der Wandel als solcher – der eben keine bestimmte „Substanz" hat, sondern ein Prozess ist – und das leere Zentrum des Wandels, das keine Identität mehr besitzt. *Der Tod wird nicht durch ein ewiges Leben besiegt, er wird vielmehr ge- und ertragen durch tod- und leblose Leere.* Die Doppelstruktur der Todesphilosophie im *Laozi* schließt den Tod einerseits mit ein in den Kreislauf des Werdens und Vergehens und verankert ihn andererseits in einem „Nichts". Die Dauerhaftigkeit im *Laozi* ist eine des Prozesses, und diese beruht auf Substanzlosigkeit (der werdenden und vergehenden Phasen) und dem Verzicht auf Identität (der dem Prozess einverleibten leeren Mitte). *An die Stelle von den Tod überdauernder Identität tritt die „Identifikation" mit der völligen Identitätslosigkeit: mit dem Nichts oder mit der Leere* (wu), *die sozusagen den Kern des Dao ausmacht.* Diese Identifikation zu erreichen und sich mit ihr gewissermaßen selbst inmitten von Leben und Tod, inmitten des Kreislaufes von Werden und Vergehen aufzulösen, ist letztlich das Ziel daoistischer Praxis.

Alteuropäische Todesphilosophien Platonischer oder christlicher Ausprägung weisen einige Unterschiede zu der des *Laozi* auf. Der Tod wird hier nicht primär in ein biologisches Geschehen integriert, sondern eher „spirituell" überwunden. Die Annahme einer unsterblichen Seele kennzeichnet Todesvorstellungen, die an Sokrates (beziehungsweise Platon) und Jesus Christus anschließen. Der Tod ist und bleibt im *Laozi* demgegenüber ein vegetatives Ereignis, trotz der auch im *Laozi* Erwähnung findenden altchinesischen „Seelen"-Konzeptionen. Denn die (keinesfalls spezifisch daoistischen) altchinesischen Seelenkonzeptionen sind nicht substanziell, das heißt, die Seele hat im alten China keinesfalls eine singuläre Gestalt, und sie ist auch nicht unvergänglich. Es gibt verschiedene Arten von „Seelen", und keine davon ist „ewig". Mit dem Tode löst sich vielmehr die Einheit des Körpers und damit auch die seelische Einheit auf. Solche Vorstellungen werden jedoch, wie gesagt, im *Laozi* nicht weiter ausgeführt, sondern tauchen eher am Rande auf und spielen nur eine untergeordnete Rolle. Wichtig in vergleichender Hinsicht ist, dass im *Laozi* kein der westlichen Seelenkonzeption entsprechender Glaube an eine den Tod kontinuierlich überdauernde Individualität oder Substanz zu finden ist. Was überdauert, ist, wie erläutert, der *Prozess* von Leben und Tod und das identitätslose „Nichts" inmitten des Wandels. Im *Laozi* ist der Tod das Ende einer vegetativen Phase, an deren Stelle die nächste tritt. In alteuropäischen Todesphilosophien wurde der Tod demgegenüber oft eher als Befreiung einer „spirituellen" Substanz von einer körperlichen Akzidenz interpretiert, als ein Übergang in eine andere Dimension jenseits des Biologischen.

Das daoistische Verhältnis zum Tod, wie es im *Laozi* beschrieben wird, ist einerseits *todesbejahend,* indem der Tod als natürliche Folge des Lebens verstanden wird, aber andererseits auch durchaus *todesfürchtig,* indem ein früher Tod als großes Übel gilt. Eine Pflanze, die frühzeitig verwelkt, ist schlecht genährt worden. Ebenso ist ein früher Tod oder eine Krankheit ein Anzeichen falschen Lebens. Im hohen Alter nach einem langen Leben ist der Tod nicht mehr zu fürchten, aber vor dieser Zeit ist der Tod eine Bedrohung. Aus diesem Grunde wurde die Todesstrafe im *Laozi* trotz der Tendenz zur Todesbejahung als durchaus furchtbar im eigentlichen Wortsinne verstanden.

Dass der Tod einerseits als furchtbar gilt, verhindert also nicht, dass er andererseits im Alter an Bedrohlichkeit verliert. Dieses gespaltene Verhältnis zum Tod wird nicht allein durch die Todesstrafenphilosophie im *Laozi* widergespiegelt, sondern kann auch mit einer traditionellen Beschränkung der Todesstrafe im chinesischen Strafsystem in Verbindung gebracht werden. Die Bestrafung setzte nämlich in der Regel nicht nur das Erreichen eines strafmündigen Alters voraus, sondern, wichtiger noch, das Nicht-Erreichen eines hohen Alters jenseits der Straffähigkeit. Diese zweite Einschränkung geschah keineswegs als Zugeständnis an etwaige Senilität, sondern verdankte sich neben dem konfuzianischen Respekt vor hohem Alter und dem damit verknüpften sozialen Status einer Person vielleicht auch der eher daoistischen Vorstellung, dass der Tod eben ab einem gewissen Alter sowieso an der Zeit ist. (Um die Bedeutung der Todesstrafe im altchinesischen Strafsystem verständlicher zu machen, sollte außerdem noch darauf hingewiesen werden, dass Gefängnisstrafen nicht vorgesehen waren – diese Strafform wurde offenbar allein schon aus ökonomischen Gründen nicht in Betracht gezogen. Wurden mildere Strafen als die Todesstrafe verhängt, so waren dies häufig verschiedene Formen von oft grausamen Körperstrafen – wobei auch die Todesstrafe nicht selten auf sehr grausame Weise vollstreckt wurde.)

Die Härte der Todesstrafe besteht aus daoistischer Perspektive darin, dass man nur eine Lebensspanne zur Verfügung hat und kein ewiges Leben nach dem Tode ansteht. Deshalb ist es von besonderer Wichtigkeit, dieses Leben auch „auszuleben“. Zumindest solange man noch nicht alt ist, ist der Tod ein großer Schrecken. Diese Todesfurcht des Volkes kann der daoistische Herrscher und Rechtssprecher im *Laozi* sich zu Nutze machen. Die Institution der Todesstrafe bedroht die Verbrecher mit dem Tode. So wie ein falsches Leben zu einem frühen Tod führen wird, so wird der daoistische Herrscher im *Laozi* ein falsches und ungesundes Handeln in der Gesellschaft im Sinne des Daos mit dem vorzeitigen Tod ahnden. So wie das Dao in der natürlichen Welt die eigensinnig und schlecht Handelnden mit dem frühen Tod bedroht, so bedroht analog der daoistische Herrscher die Untertanen mit dem Tod, falls ihr Handeln dem harmonischen Lauf des Geschehens entgegenwirkt.

Die daoistische Todesstrafe im *Laozi* ist wie die daoistische Körperkultivierung und Lebenserhaltungstechnik durch und durch *präventativ* ausgerichtet. Ein Lebewesen, das sich nicht dem natürlichen Lauf der Dinge entsprechend verhält und sich nicht seiner Stellung im natürlichen Raum anpasst, wird vor der Zeit zu Grunde gehen. Es wird, weil es sich nicht dem Dao gemäß verhält, im Laufe des Geschehens frühzeitig aussortiert werden. Für die Gesellschaft gilt nun der Struktur nach dasselbe: So wie die Natur das Ungesunde verenden lässt, wird im Staat alles Verbrecherische, das das gesellschaftliche Wohlergehen stört, vorbeugend und aus Furcht vor größerem Schaden entfernt werden müssen. Dafür trägt der daoistische Herrscher Verantwortung. Dies ist die Prävention, die der Herrscher ausüben muss; er muss jedem Schaden, den der Staatskörper durch ungesundes Verhalten nehmen könnte, vorbeugen, indem er nichts Störendes zulässt. So wie der daoistische Körper den vorzeitigen Verschleiß der Lebenskraft fürchtet, so muss im Staat höchste Furcht vor möglicher Unordnung herrschen. Diese Furcht findet in der Institution der Todesstrafe ihren Ausdruck.

Ein zweiter Aspekt der Prävention, ein zweites Element der Furcht wirkt im Volk. Indem das Volk den Tod und deshalb die Todesstrafe fürchtet, wird in der Gesellschaft eine Furcht vor sozial ungesundem Verhalten etabliert, um gesellschaftliche Fehlentwicklungen zu verhindern. Diese Furcht wird durch die Todesstrafe ständig aufrechterhalten, und so wird von vornherein verhindert, dass sich das Volk überhaupt derart ungesund verhält. Das ist die Kettenreaktion der Furcht, wie sie sich in der Funktion der Todesstrafe ausdrückt: Die Todesstrafe wird im *Laozi* durch den Herrscher eingeführt aus Furcht vor möglichen gesellschaftlichen Verbrechen, die das Staatsleben grundlegend gefährden könnten. Durch die Todesstrafe entsteht aber sogleich im Volk, das ja einen frühzeitigen Tod wie nichts anderes fürchtet, Furcht vor Bestrafung im Falle eines Fehlverhaltens. Und so wird überhaupt kein Fehlverhalten im Volk auftauchen. Dadurch hebt sich die Todesstrafe gewissermaßen selbst auf. Vom Herrscher wird die Todesstrafe etabliert, um Verbrechen vorzubeugen, und somit begeht das Volk gar keine Verbrechen mehr, um der Todesstrafe vorzubeugen. Deshalb müssen im daoistischen Idealstaat, den Kapitel 80 im *Laozi* beschreibt, die Menschen „in Furcht vor dem Tod gehalten" werden. Denn wenn der Tod im Volke „leicht genommen" werden sollte, dann würde dies, wie *Laozi* 75 es darstellt, der „Unordnung unter den Leuten" und dem „Hunger der Menschen" gleichkommen. Ein Staat, in dem der (frühe) Tod nicht gefürchtet wird, ist dem Untergang geweiht, so wie ein Körper, der keine Krankheit fürchtet.

Ausführlich beschreibt der erste Teil des 74. Kapitels die daoistische Todesstrafenphilosophie:[27]

Wenn das Volk den Tod überhaupt nicht fürchtet,
wie soll es dann die Todesstrafe schrecken?
Wenn das Volk den Tod überhaupt fürchtet
und ich die, die sich widrig verhalten,
festnehme und hinrichte –
wer wagte dann so etwas noch?
Wenn das Volk den Tod überhaupt fürchten soll,
dann muss es immer einen Henker geben.

Damit das Doppelspiel mit der Furcht vor dem Tode, das die Todesstrafe betreibt, funktioniert, muss es den Henker geben. Aber indem es den Henker gibt und das Volk Tod und Todesstrafe fürchtet, wirkt die Macht der Abschreckung und macht schließlich die Vollstreckung der Todesstrafe überflüssig.

Die Macht über die Todesstrafe hat allein der daoistische Herrscher. Er, der ein leeres Herz hat und das leere Zentrum des Staates ist, verbindet allerdings mit ihr keinerlei persönliche Neigungen oder Gefühle. Die Todesstrafe wirkt wie eine Naturgewalt, sie ist kein Instrument zu individueller Machtausübung. Sobald sie dazu werden würde, ginge ihr Sinn verloren. Die Todesstrafe wirkt gewissermaßen mechanisch „von selbst" *(ziran)* und diese Wirkung ist eben ganz und gar daoistisch: Es ist eine Wirkung, ohne zu wirken, denn durch die Funktion der Abschreckung *kommt die Todesstrafe ja gar nicht zum Einsatz. Sie sorgt für Ordnung, ohne vollstreckt zu werden.*

Die große Gefahr ist dabei, dass sich ein tyrannischer Herrscher eigenmächtig der Todesstrafe bemächtigt. Dadurch würde ihre paradoxe daoistische Wirkung ins Gegenteil verkehrt. Würde die Todesstrafe dem selbstlosen daoistischen Herrscher aus der Hand genommen und würde jemand mit einem bestimmten Herrschaftswillen an seine Stelle treten, dann würde die Todesstrafe gerade durch ihre ständige Anwendung wirkungslos werden. Es würden Chaos und Kampf ausbrechen, und das Volk würde wahrscheinlich gegen den eigenwilligen Tyrannen aufbegehren – und ihn mit dem Tode bestrafen. Dies illustriert der zweite Teil des 74. Kapitels:

Nun,
den Henker beim Henken ersetzen zu wollen,
das bedeutet, den Holzfäller beim Holzfällen zu ersetzen.
Wird der Holzfäller ersetzt,
dann bleibt dabei selten die Hand unverletzt.

Der daoistische Henker ist ein Henker, ohne zu henken. Setzt man an seine Stelle einen nicht paradoxen Henker, also einen solchen, der einfach henkt, um zu henken, dann wird dies ein Blutbad zur Folge haben und letztlich den Henker selbst henken.

Der einzige Zweck, den die daoistische Todesstrafe im *Laozi* verfolgt, ist die Abschreckung. Dazu baut sie einerseits auf die Todesfurcht im Volke – diese ist unbedingt notwendig, damit die Abschreckung funktioniert. Und andererseits baut sie auf den „leeren" Herrscher bzw. Henker, auf den Herrscher, der über die Todesstrafe nur verfügt, um sie *nicht* anzuwenden. Ein Herrscher aber, der die Todesstrafe aus persönlichen Gründen einsetzt, wird dadurch sich selbst und seinen Staat zu Grunde richten.

Die Abschreckung ist natürlich auch im Westen als ein Zweck der Todesstrafe und als ein Grund ihrer Rechtfertigung genannt worden – aber sicher nicht als ihr Wesen. In der westlichen Tradition wurde – und wird heute noch (insbesondere in den USA) – die Todesstrafe vielmehr oft sehr undaoistisch, nämlich zutiefst *persönlich* begründet. Friedrich Nietzsche, der große „Entlarver" der christlichen Tradition, hat dies auf recht drastische Weise beschrieben. Für ihn stellt die im Christentum verankerte Vorstellung des Menschen als zugleich frei und schuldig eine „Metaphysik des Henkers" dar. Indem man den Menschen als moralisch und handlungsbezogen frei ausgab, konnte man zugleich den einzelnen Menschen zum den Tod verdienenden *Sünder* machen. Den westlichen Theologen ist es, Nietzsche zufolge, durch die Erfindung des „freien Willens" gelungen, „die Unschuld des Werdens durch ‚Strafe' und ‚Schuld' zu durchseuchen".[28] Der Mensch wird in dem Maße zunehmend schuldig, in dem er zunehmend frei wird. Und erst wenn der Mensch als frei gedacht wird, kann man ihn für das Böse in der Welt verantwortlich machen. Es besteht eine unmittelbare Korrelation zwischen dem Ausmaß an Freiheit und dem Ausmaß an Schuld.

Wenn eine westliche Todesstrafen-Metaphysik den Täter als individuellen Sünder, der *böse* ist und nicht einfach nur etwas Falsches oder *Schlechtes* getan hat, charakterisiert, dann ist nicht mehr die Handlung selbst das maßgebliche Kriterium der Verurteilung, nicht das Delikt steht mehr im Vordergrund, sondern vielmehr der Täter als Mensch. Dies ist eine völlige Umkehrung des daoistischen Modells aus dem *Laozi*, denn es soll nicht falsches Handeln präventiv verhindert werden, sondern vielmehr nachträglich *Gerechtigkeit* oder oft genug auch *Rache* (und diese Worte sind ja verwandt) geübt werden. Die „Metaphysik des Henkers“ im *Laozi* ist eine der Vorbeugung gegenüber der Tat, die von Nietzsche (und Peter Sloterdijk[29]) beschriebene demgegenüber eine des *Ressentiments* gegenüber dem Täter.[30]

Ich denke, die Philosophie wäre vielleicht nicht schlecht beraten, überhaupt auf eine jegliche „Metaphysik des Henkers“, sei sie altdaoistisch oder neueuropäisch, zu verzichten. Aber im Vergleich betrachtet, erscheint mir die paradoxe Todestrafenphilosophie des *Laozi* (die auf die Nicht-Anwendung der Todesstrafe hinausläuft) immerhin noch „gesünder“ als eine solche, die sich auf die persönliche Beschuldigung von Menschen konzentriert.

VIII. Die Aktualität des Laozi

Nach diesem Streifzug durch den *Laozi* und dessen daoistische Philosophie lässt sich die Frage stellen, was denn mit diesem Denken heute noch anzufangen ist. Kann man einen philosophischen Daoismus für unsere Zeit entwerfen, einen *Eurodaoismus,* wie ein Buch von Peter Sloterdijk heißt? Kann man heute noch Daoist sein wollen? Ist der Daoismus für uns noch relevant?

Der altchinesische *Laozi* kann uns wahrscheinlich auch nicht unmittelbar den Weg in die philosophische Zukunft weisen, aber er kann vielleicht doch dazu beitragen, unsere eigene Vergangenheit besser zu verstehen und zu überwinden – und er kann so vielleicht auch die Dringlichkeit einer neuen Philosophie, die die eingefahrenen Denkstrukturen des „Eurozentrismus" hinter sich lässt, besser sichtbar machen. Manche der Dinge, die man heute *nicht mehr* zu glauben gewillt ist und gegen die man einen immer stärkeren philosophischen „Verdacht" – mit Friedrich Nietzsche gesprochen – entwickelt, hatten im Daoismus *noch nicht* philosophische Geltung beanspruchen können. In diesem Sinne lassen sich vielleicht doch einige überraschende Parallelen zwischen einem archaischen chinesischen „noch nicht" und einem heutigen westlichen „nicht mehr" finden.

Ein solcher Versuch der Aktualisierung des *Laozi* will dementsprechend nicht einfach bestimmte praktische Verhaltensanweisungen der frühen Daoisten auf die Gegenwart übertragen. Es ist zum Beispiel sicherlich zwecklos, die Konzeption daoistischer Menschenführung detailgetreu auf heutige Verhältnisse anwenden zu wollen. Man kann sich nicht buchstäblich zum nicht-handelnden daoistischen Idealherrscher über die Welt machen – und dies ist im Übrigen auch schon im alten China niemals jemandem gelungen. Andererseits kann der Daoismus vielleicht doch in einer angemessenen Dosis eine ganz wirksame, reinigende Medizin für heutiges Denken sein. Und daher will ich abschließend einige Anschlussmöglichkeiten des *Laozi* an neues europäisches Denken aufzeigen. Dabei beziehe ich mich auf die drei bereits genannten Denker, die zu den bekanntesten und einflussreichsten Vertretern der neueren deutschen Philosophie gerechnet werden können: auf den „Vordenker" der Postmoderne Friedrich Nietzsche, auf den Systemtheoretiker Niklas Luhmann und auf den „Eurodaoisten" Peter Sloterdijk.

Ein mir bedeutsam erscheinender Anknüpfungspunkt des vormodernen daoistischen Denkens an, sagen wir einmal, „moderne-kritisches" Denken ist zunächst eine gewisse Vereinbarkeit des Konzeptes *ziran* mit demjenigen der *autopoiesis*. Ich habe dazu schon im dritten Kapitel dieses Buches etwas gesagt, aber ich will einige Aspekte hier noch einmal genauer benennen.

Ziran als das Konzept des „von-selbst-so-Geschehens" oder als der „eigene Lauf" der Dinge ist einem Ursprungs-, Anfangs- und Kausalitätsdenken entgegengesetzt. Gerade solche Denkweisen haben mehr oder weniger „postmoderne" Philosophen mit Vorliebe zu demontieren versucht. Vor allem Friedrich Nietzsche hat sich in dieser Hinsicht einen Namen gemacht. Nietzsche wehrte sich vehement gegen einen „Ursachentrieb", der nicht nur manche große Denker, sondern auch das Alltagsdenken dazu verführte, alles was geschieht, „kausal" zu erklären. Man meint dementsprechend, eine Sache zu „verstehen", wenn man weiß, was ihre letzten „Gründe" sind. Eine solche Metaphysik der Ursache arbeitet jedoch, wie Nietzsche meinte, so wie ein Träumer, der im Traum einen Kanonenschuss hört und dann im Traum darum herum eine Geschichte erfindet, um dieses Geräusch ursächlich zu erklären. (Diese Geschichte ist, wie Nietzsche sagt, „oft ein ganz kleiner Roman, in dem gerade der Träumende die Hauptperson ist"[31].)

Der Ursachentrieb ist nun, folgt man Nietzsche, in der Geschichte des alteuropäischen Denkens sozusagen epidemisch geworden und hat zu einer Art Konkurrenz monokausaler Theorien geführt, die mehr oder weniger überzeugend alles andere aus bestimmten Grundursachen herleiten wollen. Dabei war natürlich eine Lehre besonders erfolgreich, nämlich die christliche mit ihrem, wie Nietzsche sagt, „Monotono-Theismus". Eine solche Festlegung auf bestimmte Ursachen empfindet Nietzsche nun als „großen Irrtum", aber auch als große Einengung des Denkens und Lebens – man beschränkt sich immens dadurch, dass man alles an nur einem oder überhaupt an Gründen festmacht. Um dies zu überwinden, bedarf es seiner Ansicht nach einer „großen Befreiung" des Denkens – einer Befreiung von Gott, aber vor allem einer Befreiung von jener „Gewöhnung" des Denkens, die sich an Ursachen klammert und damit die „Unschuld des Werdens" verleugnet. Indem man an die „dahinter liegenden" Ursachen heran will, versperrt man sich die Offenheit für das, was geschieht, für das, was „wird". Man ist mit der Jagd nach dem, was eigentlich „ist", beschäftigt und schließt damit die Augen vor der Vielfalt des Werdenden. Die Geschehnisse geschehen, ohne „Ursachentrieb" betrachtet, eben aus sich heraus, ohne einen bestimmten äußeren Grund und ohne einen letzten Zweck, sie folgen ihrem „eigenen Lauf".

Die Überwindung des „Ursachentriebs" ist eine Voraussetzung für das Denken der *autopoiesis*, insbesondere bei Niklas Luhmann. Der neue Begriff der *autopoiesis* stellt einen theoretischen Versuch dar, Geschehnisse nicht auf externe Ursachen zurückzuführen, sondern vielmehr aus sich selbst heraus (und aus den Beziehungen zu ihrer Umwelt) zu erklären.[32] Der Begriff der *autopoiesis* ist sehr komplex und weder mit Nietzsches mehr provokativem als analytischem Aufschrei gleichzusetzen noch mit dem altchinesischen *ziran*. Es liegen tatsächlich Welten zwischen diesen Konzepten – aber dennoch sind beide Konzepte, sowohl das der *autopoiesis* als auch *ziran,* nicht-metaphysisch in dem Sinne, dass sie nicht dem „Ursachentrieb" anheim fallen. Das *ziran*-Konzept macht damit deutlich, dass man auch im Altertum – und sei es im chinesischen – schon Philosophie betreiben konnte, ohne dem Ursachen-Paradigma zu folgen. So hilft der Begriff der *autopoiesis* einerseits dabei, den *Laozi* ohne „Ursachenbrille" zu lesen, und umgekehrt hilft ein Verständnis des *ziran*-Konzeptes dazu, den neuen Begriff der *autopoiesis* und mit ihm zusammenhängende Ideen als etwas selbstverständlicher anzusehen und als weniger „schockierend" zu empfinden.

Mit dem Begriff der *autopoiesis* und auch mit dem *ziran*-Konzept lässt sich eine nicht-humanistische Philosophie, eine Philosophie, die nicht vom Menschen als Mittelpunkt und als „Macher" von Welt und Geschichte ausgeht, verbinden. Neue westliche nicht-humanistische Denkweisen – man kann hier wieder an Friedrich Nietzsche und an die Systemtheorie denken – sind nicht auf den Menschen fixiert und weisen auch in dieser Hinsicht eine gewisse Parallele zu altdaoistischem Denken auf. Im *Laozi* ist der Mensch nicht privilegiert, sondern vielmehr ein Teil eines wesentlich umfassenderen „Lebenssystems".[33]

Wenn der Humanismus überwunden oder gar nicht erst angestrebt wird, entfällt ein weiteres wichtiges Konzept der traditionellen europäischen Philosophie: das Individuum. Menschen wurden in Europa oft als „Individuen" verstanden, weil man meinte, sie seien mit einer „unteilbaren" Seele (denn die wörtliche Bedeutung von „In-dividualität" ist ja Unteilbarkeit) ausgestattet, oder weil man sie als Besitzer einer unverwechselbaren Eigenheit und „Würde" betrachtete. Die Philosophie des *Laozi* ist demgegenüber als nicht-humanistische und nicht-kausale weit davon entfernt, einen „Individualismus" zu vertreten – auch wenn sie vor einigen Jahren und Jahrzehnten bisweilen so (miss-) verstanden wurde. Das *ziran*-Konzept weist zwar auf ein „von-*selbst*-so-Geschehen" oder den „*eigenen* Lauf" der Geschehnisse hin, aber dies bedeutet nicht, dass die Geschehnisse eine Art „Persönlichkeit" besitzen würden. Das „von-selbst" bezieht sich dabei auf den *Vollzug* des Geschehens, auf den Prozess, nicht aber auf eine „Substanz" der einzelnen Elemente. Das *von-selbst* des Geschehensvollzugs schließt gerade das *Selbst* im ontologischen Sinne aus: Nichts *ist* individuell, weil sich das Geschehen des Wandels oder des *Werdens* „von selbst" vollzieht.

Der Daoismus nimmt den Menschen nicht so wichtig. Das *Daodejing* spricht von Dingen wie dem Wasser oder der Wurzel, um das Dao zu erklären. Eine eindrucksvolle altdaoistische Parabel aus dem Text *Zhuangzi* macht diesen nicht-humanistischen Ansatz ganz deutlich: Das seltsame Wesen Hundun führte ein perfektes und dauerhaftes Leben als der „Kaiser des Zentrums", aber es war völlig ohne jede Gestalt – es hatte kein menschliches Gesicht, es war ohne jede Identität. Die Könige der peripheren Gebiete wollten nun Hundun einen Gefallen tun. Sie taten sich zusammen, um es zu besuchen und mit einem menschlichen Antlitz zu versehen. Sie bohrten sieben Löcher in den formlosen Körper – die sieben menschlichen Gesichtsöffnungen, und das Ergebnis war, dass Hundun sofort starb.[34]

Die Parabel des Hundun vereint eine Vielzahl daoistischer Bilder: Leere und Fülle, Zentrum und Peripherie, Nicht-Handeln und Handeln. Entscheidend ist aber, dass der Versuch der Humanisierung, das Einführen der Menschlichkeit, die Ordnung zum Einsturz bringt. Wenn man die Welt künstlich vermenschlicht, richtet man nur Schaden an – und hat nicht verstanden, wie sie „von selbst" funktioniert.

Dass das humanistische Paradigma auch und gerade heute nicht mehr hinreicht, um unsere Gegenwart hinreichend zu verstehen hat Peter Sloterdijk jüngst in seinem Aufsehen erregenden Text „Regeln für den Menschenpark" so ausgedrückt:

Durch die mediale Etablierung der Massenkultur in der Ersten Welt nach 1918 (Rundfunk) und nach 1945 (Fernsehen) und mehr noch durch die aktuellen Vernetzungsrevolutionen ist die Koexistenz der Menschen in den aktuellen Gesellschaften auf neue Grundlagen gestellt worden. Diese sind, wie sich ohne Aufwand zeigen lässt, entschieden post-literarisch, post-epistolographisch und folglich post-humanistisch.[35]

Sloterdijk fügt dieser Beschreibung folgende Diagnose hinzu:

Die Ära des neuzeitlichen Humanismus als Schul- und Bildungsmodell ist abgelaufen, weil die Illusion nicht länger sich halten lässt, politische und ökonomische Großstrukturen könnten nach dem amiablen Modell der literarischen Gesellschaft organisiert werden.[36]

Humanistische Denkmodelle – auch in modernisierter Form wie bei Jürgen Habermas – sind völlig hilflos, wenn es darum geht, die im Rahmen der Globalisierung entstandenen neuen gesellschaftlichen Formationen zu beschreiben. Das mag, wie Sloterdijk andeutet, von vielen als bedrückend oder bedauernswert empfunden werden – allein dieses Bedauern nützt philosophisch wenig. Mit Rückgriff auf Menschen und Individuen, Seelen und Vernunft oder Verständigung kann man weder hinreichend die Geld- und Finanztransaktionen der globalen Wirtschaft beschreiben noch die komplexen politischen und juristischen Prozesse der Gegenwart und schon gar nicht das sich jeden Tag unaufhörlich fortspinnende Kommunizieren des „Hypertextes" unserer „Mediokratie". Unsere Welt ist nicht mehr wirklich die unsere – und es hat keinen Zweck, ihr ein menschliches Antlitz zu bohren.

Angesichts dieser Situation erklärt Niklas Luhmann den Abschied von den Vorstellungen, „dass eine Gesellschaft aus konkreten Menschen und aus Beziehungen zwischen Menschen bestehe" und „dass Gesellschaft folglich durch Konsens der Menschen, durch Übereinstimmung ihrer Meinungen und Komplementarität ihrer Zwecksetzungen konstituiert oder doch integriert werde".[37] Die Gesellschaft wird statt dessen als ein sich selbst konstruierendes System beschrieben, analog zu biologischen Organismen wie Zellen. Die Gesellschaft wird jetzt „autopoietisch" gedacht – und das schließt, wenn auch in viel ausgereifterer Form, an Nietzsches Vorstellung der „dionysischen Welt des Ewig-sich-selber-Schaffens und Ewig-sich-selber-Zerstörens" an[38], und es schließt ebenso an die altdaoistische Vorstellung eines nicht zielgerichteten, nicht extern gesteuerten, sich von selbst vollziehenden Kreislaufs der Erzeugung und des Vergehens an.

Mit den Konzeptionen des Menschen und des Individuums als der besonderen, einmaligen und „freien" Person hängt, wie im vorigen Kapitel kurz angesprochen, das Konzept der Sünde zusammen. Im *Laozi* gibt es zwar falsches Verhalten – ein großer Teil des Textes warnt davor –, aber es gibt keine Figur des „Sünders"; nicht die „Seele" des Einzelnen steht im Mittelpunkt, sondern Verhaltensweisen, die entweder gute oder schlechte Folgen haben. Deswegen richtet sich die daoistische Todesstrafe im *Laozi*, wie gesehen, gerade nicht eigentlich gegen den Täter oder Verbrecher, sondern vielmehr gegen die Tat oder das Verbrechen. Sie zielt nicht darauf ab, „Gerechtigkeit" zwischen Individuen herzustellen, sondern vielmehr allein darauf, falsches Verhalten zu verhindern. Durch den Verzicht auf die Zuschreibung individueller Schuld gerät wieder das Geschehen als Zusammenhang ins Zentrum einer Art pragmatischen Betrachtung, und nicht der Mensch.

So kann man auch den *Laozi* als Version eines „Fundamentalinnozentismus" lesen – und dies ist ein Begriff, den Peter Sloterdijk jüngst geprägt hat.[39] Indem das Geschehen als Geschehen betrachtet wird und nicht als „Tathandlung", entfällt die Notwendigkeit der Zuschreibung von Schuld – was aber, wie der Daoismus des *Laozi* zeigt, nicht bedeutet, dass nicht trotzdem in bestimmten Situationen gestraft werden kann oder muss. Der „Fundamentalinnozentismus" verhindert gerade ein fundamentalistisches Bestrafen, eine fundamentalistische Zuschreibung einer Art Erbsünde an die Individuen. Rechtsinstitutionen haben im alten Daoismus ihren wichtigen Platz, aber sie führen nicht gleich zu einem fundamentalistischen Schuldbegriff.

Auf diese Weise ist die nicht-humanistische Philosophie des *Laozi* neueren Denkweisen auch darin vergleichbar, dass sie ohne den im traditionellen Europa – aber auch in der heutigen Gesellschaft, etwa in amerikanischen Filmen oder Präsidentenansprachen – so wichtigen „moralischen Zeigefinger" auszukommen versucht beziehungsweise dessen oft kontraproduktive und pathologische Rolle hervorhebt.[40] Schon im *Laozi* wird die Gefahr erkannt, dass Moral zu einer gesellschaftlichen Krankheit werden kann: Kapitel 17, 18 und 19 und auch Kapitel 39 attackieren die konfuzianische Moral von „Menschlichkeit und Rechtlichkeit“ als eine Art „Moral der Zuspätgekommenen“. Kapitel 18 sagt, dass die Moral immer erst dann zum Zuge kommt, „wenn das große Dao verkommt“. Man gebraucht die Moral, wenn die natürliche Ordnung verschwindet, sie ist, mit Niklas Luhmann gesprochen, auch für die Daoisten ein „Symptom für das Auftreten von Pathologien“ und etwas, das man „im normalen Umgang“ (des Dao) eigentlich gar nicht nötig hat.[41] Der *Laozi* wendet sich in seiner Moralkritik nicht gegen das Recht, gegen Bestrafung oder gegen das Durchsetzten sozialer Ordnung, aber er wendet sich dagegen – oder warnt zumindest davor –, die Gesellschaft mit moralischen Wertungen zu durchsetzen. Durch diese Absage an die Moral, durch das Engagement gegen das moralische Engagement vertritt der *Laozi* einen eigenen „Fundamentalinnozentismus“, der an den Fundamenten einer heute immer aggressiveren und pathologischeren Moral (wie sie zur Rechtfertigung militärischer Aktionen und zur – oft gleichzeitigen – Umgehung von Rechtsnormen verwendet wird) zu graben imstande sein kann.

Theoretiker wie Luhmann und Sloterdijk knüpfen bei ihrem Ausscheren aus dem humanistischen, individualistischen und moralistischen Denken somit nicht nur an Nietzsche an, sie knüpfen als Post-Humanisten, Post-Individualisten und Post-Moralisten zumindest implizit auch an die nicht-humanistische, nicht-individualistische und nicht-moralistische Philosophie des Daoismus an. Es scheint sicherlich auf den ersten Blick weit hergeholt zu sein, zu sagen, dass sich ein solches Denken eher mit Rückgriff auf die altchinesische Philosophie verstehen lässt als mit Rückgriff auf die altgriechische. Es ist aber, glaube ich, eine unbestreitbare Tatsache, dass die zeitgenössische deutsche Philosophie sich massiv von nicht mehr gültigen Beschreibungsformen zu befreien sucht und dass sich auf diesem Wege überraschende Brücken zu Traditionen bilden, die gerade nicht das semantische Erbe des Platonismus und des Christentums mit sich tragen.

Wenn der *Laozi* und der Daoismus eine Zukunft haben, so liegt diese, so meine ich, sicher nicht zuerst im Bereich der „Esoterik“; sie liegt vielmehr – und das halte ich für wesentlich interessanter – im Beitrag, den sie zur Umstellung auf ein neues Denken leisten können. Wie gesagt, ich denke nicht, dass man heutzutage noch in einem altchinesischen Sinne Daoist sein kann. Man kann sich sicher nicht von allein daoistischer Kost denkerisch ernähren, aber der Daoismus stellt doch eine Art Medizin dar – um dieses Bild noch einmal aufzunehmen –, die in gewissen Dosen heilsam ist, wenn es darum geht, der einen oder anderen philosophischen Zivilisationskrankheit entgegenzuwirken.

Anhang

1. Textgeschichte

Die Textgeschichte des *Laozi* liegt weiterhin im Dunklen, auch wenn in den vergangenen Jahrzehnten bedeutende Textfunde von sehr frühen Originalmanuskripten des *Laozi* in China gemacht wurden. Bezüglich der Autorschaft des Textes stimmen die meisten Sinologen – zumindest im „Westen“ – darin überein, dass ein bestimmter Verfasser, selbst wenn es ihn gegeben haben sollte, nicht auszumachen ist. Die Figur des Laozi als Person, wie sie uns in einer Kurzbiographie des wichtigsten altchinesischen Geschichtswerks *Shiji (Aufzeichnungen des Großhistorikers)* von Sima Qian (145–86 v. Chr.) begegnet, ist offenbar nicht wirklich historisch, sondern legendär.[42] Sima Qian glaubte sicherlich an die Existenz einer Person Laozi, aber die Anekdoten, die er mit Laozi verbindet (etwa die von der Niederschrift seines Buches bei der Überquerung des Grenzpasses in den Bergen des Westens), sind sehr vage und durch keine historischen Quellen verifizierbar.

Der Glaube an die Person eines einzelnen Autors Laozi als Schriftsteller des gleichnamigen Textes wurde in China selbst in Frage gestellt. Der „skeptische“ Philologe Gu Jiegang etwa veröffentlichte im Jahr 1932 eine Untersuchung zum *Laozi*, in der er die Hypothese aufstellt, dass das Buch gegen Ende des dritten oder zu Beginn des zweiten vorchristlichen Jahrhunderts aus verschiedenen Materialien zusammengesetzt oder kompiliert wurde – und dass diese Materialien wiederum bis zu 300 Jahre alt gewesen seien.[43] Ein anderer chinesischer Wissenschaftler (und Übersetzer des *Laozi* ins Englische) namens D. C. Lau hat dann bereits in den sechziger Jahren des 20. Jahrhunderts die Kompilationsthese dahingehend verfeinert, dass er den *Laozi* konkret als Sammlung von *Spruch*gut verstand, also als eine Niederschrift von vordem mündlich weitergegebenen Weisheitslehren.[44] Die Kompilatoren des *Laozi* wären dementsprechend nur Sammler und Aufschreiber von lange Zeit tradierten Sprüchen, die – gleich dem Erzählgut anderer Kulturen – ganz ohne eigentlichen Verfasser sind. Ich persönlich stimme der These D. C. Laus in ihren Grundzügen zu und denke, dass die bedeutenden Textfunde diese These wenn nicht direkt bestätigen, so doch zumindest eher nahe legen als widerlegen.[45]

Die bisher ältesten bekannten Manuskripte des *Laozi* wurden 1993 bei Ausgrabungen in einem Ort namens Guodian in der chinesischen Provinz Hubei gefunden, und zwar in einem Grab eines Angehörigen der Oberschicht des ehemaligen Staates Chu (das Grab gehörte zu einer Grabanlage der Chu-Hauptstadt Ying), das nach Schätzungen von Archäologen in die Zeit zwischen dem späten vierten und frühen dritten vorchristlichen Jahrhundert zu datieren ist.[46] Bei den Manuskripten handelt es sich um drei Sets von sehr schmalen, zwischen 26,5 cm und 32,3 cm langen Bambusstäben, auf denen jeweils eine Spalte einzeln untereinander geschriebener Schriftzeichen zu finden ist. Der erste Set (in 39 Stäben) enthält eine Vorform der späteren Kapitel 19, 66, 46 (Mitte und Ende), 30 (Anfang und Mitte), 15, 64 (Ende), 37, 63, 2, 32, 25, 5 (Mitte), 16 (Anfang), 64 (Anfang), 56, 57, 55, 44, 40 und 9. Der zweite Set (in 18 Stäben) entspricht den heutigen Kapiteln 59, 48 (Anfang), 20 (Anfang), 13, 41, 52 (Mitte), 45 und 54. Der dritte Set (in 14 Stäben) korrespondiert mit den heutigen Kapiteln 17, 18, 35, 31 (Mitte und Ende) und 64 (Ende). Damit finden sich ungefähr zwei Fünftel des heutigen Textes in einer Vorform in den Guodian-Manuskripten.

Die Manuskripte sind nicht betitelt, es steht also nirgends, dass sie einem Text namens *Laozi* zugehören. Auch Kapiteleinteilungen sind noch nicht in deutlicher Weise vorgenommen – auch wenn immerhin die heutigen Kapitel schon jeweils integriert sind, das heißt, ihre Reihenfolge ist zwar eine andere, aber in sich sind die Kapitel relativ geschlossen. Offenbar handelt es sich bei den drei Sets um eine Art frühe „Puzzleteile" des späteren *Laozi,* die man dann neu zusammensetzte und erweiterte, ohne aber die schon vorhandenen Teile dabei zu zerstören. Es fällt auch auf, dass die Materialien der Bambustexte dann im späteren *Laozi* in gewisser Weise konzentriert und zu Einheiten zusammengefasst wurden. Viele der in den Bambustexten noch nicht hintereinander stehenden Kapiteln finden sich später im *Laozi* mehr oder weniger vereint: Von den acht Kapiteln 13–20 im *Laozi* sind sieben in den Bambustexten zu finden, von den sechs Kapiteln 52–57 fünf, und schließlich finden sich dort auch die späteren Kapitel 30–32, 44–46, 40–41 und 63–64. Man hat also offenbar die Bambustextmaterialien später als irgendwie zusammengehörig empfunden und sie dementsprechend in Sequenzen zusammengeschlossen.

Auch thematisch setzen die Bambustexte gewisse Schwerpunkte: Einerseits finden sich auffällig viele derjenigen späteren Kapitel, die mit der „Kultivierung des Leibes" zu tun haben: Von den neun Kapiteln, die im späteren *Laozi* das Zeichen für „Leib" *(shen)* enthalten – 7, 9, 13, 16, 26, 44, 52, 54, 66 –, finden sich immerhin sieben schon in den Bambustexten (alle außer 7 und 26). Andererseits taucht auch das Thema des „Nicht-Handelns", das berühmte *wu wei,* schon auffallend häufig auf. Die Kapitel 2, 37, 48, 57, 63 und 64 des späteren *Laozi,* die direkt oder indirekt diese daoistische Grundstrategie ansprechen, finden sich bereits in den Guodian-Texten.

Diese Themenkonzentration belegt, dass der frühe Daoismus – oder wenigstens dessen Wurzeln – wesentlich politisch waren. Denn auch die Kultivierung des Leibes (des Regenten) war ein wesentlich politisches Instrument, das zusammen mit dem Nicht-Handeln Ordnung und Harmonie im Staat bewirken sollte. Offenbar waren schon die Bambustexte – und das zeigt auch ihr Fundort: das Grab eines Mitglieds der Oberschicht – ein Text für Herrschende.

Die Bambusmanuskripte entstammen anscheinend einer Phase der Geschichte des *Laozi,* während der schon einige Elemente des späteren Textes verschriftlicht waren, ohne aber bereits zu einer festen Einheit, zu einem „Buch" mit einem „Titel" und einem „Autor" verschmolzen zu sein. Man weiß nun nicht, ob nicht vielleicht sogar einmal noch ältere solcher „Fragmente" des heutigen *Laozi* gefunden werden, und deshalb lässt sich auch keineswegs sagen, ob die Bambustexte tatsächlich die ältesten Schichten des *Laozi* repräsentieren. Alles, was man sagen kann, ist, dass spätestens gegen Ende des dritten Jahrhundert v. Chr. schon einige Teile des heutigen *Laozi* in schriftlicher Form fixiert worden waren.

Zwanzig Jahre vor der Entdeckung der Guodian-Manuskripte hatte man bei Ausgrabungen in einem Ort namens Mawangdui in der Provinz Hunan – ebenfalls im Grab eines „Adligen" – zwei praktisch vollständige, auf Seide niedergeschriebene Manuskripte des *Laozi* gefunden.[47] Diese Texte wurden auf die Zeit um das Jahr 200 v. Chr. datiert, sie sind also zumindest um etwa ein Jahrhundert jünger als die Bambustexte von Guodian. Ein besonderes Merkmal dieser Textversionen ist, dass die beiden späteren Abschnitte des Buches – nämlich „Dao" (Kapitel 1–37) und „De" (Kapitel 38–81), die dem *Laozi* später auch den Namen *Dao-De-Jing*, nämlich „Klassiker *(jing)* von Dao und De" eintragen sollten – in umgekehrter Reihenfolge vorgefunden wurden. Kapitel 1 des Mawangdui-Textes ist dementsprechend in den späteren Versionen Kapitel 38, während das heutige erste Kapitel in den Mawangdui-Texten Kapitel 45 ist – wobei allerdings auch in den Mawangdui-Texten die einzelnen Kapitel nicht nummeriert und auch nicht eindeutig voneinander getrennt sind.

Im Gegensatz zu den Bambustexten von Guodian stellen die Mawangdui-Texte den heutigen *Laozi* schon praktisch „im Ganzen" dar. Sie sind eine Textfassung, die eine wesentlich ausgeformtere Stufe der Textgeschichte des *Laozi* markiert. Anders gesagt, der *Laozi* der Mawangdui-Manuskripte ähnelt mehr der heutigen Form des *Laozi* als der „fragmentarischen" Gestalt der ihm zeitlich doch so viel näher stehenden Bambustexte. Daraus lässt sich immerhin schließen, dass offenbar die Zeit zwischen 300 v. Chr. und 200 v. Chr. einen ganz wichtigen Umbruch in der Textgeschichte des *Laozi* hervorgebracht hat. Anscheinend fand der *Laozi* in dieser Epoche eine Form, die er – im Wesentlichen – bis heute behalten sollte.

Mit der Han-Dynastie (206 v. Chr.–220 n. Chr.) wurde China immer mehr zu einem Reich der Schriftkultur. Es entstand eine kaiserliche Akademie, und es wurden große Anstrengungen zur Erfassung und Katalogisierung aller als wichtig angesehenen Bücher gemacht. Das Schreiben wurde einfacher und verbreiteter, und es entstanden groß angelegte, kaiserlich unterstützte Projekte wie das eingangs erwähnte Geschichtswerk des Sima Qian. In dieser Zeit wurde es auch immer üblicher, Texte zu „kommentieren“, das heißt, Gelehrte schrieben einen Text nieder und versahen ihn mit eigenen Anmerkungen, oft zur inhaltlichen Bedeutung des Textes. Auf diese Weise entstand eine Vielzahl verschiedener Versionen aller möglichen Texte – denn nicht jeder Kommentator schrieb den jeweiligen Text auf die genau gleiche Weise auf, und die Kommentare selbst unterschieden sich natürlich beträchtlich. Aus der Han-Zeit stammt somit auch die älteste, wenigstens teilweise erhaltene kommentierte Edition des *Laozi.* Sie wird Yan Zun (ca. 80–10 v. Chr.) zugeschrieben.

Die in China und dann später auch im Westen vor allem philosophisch bedeutsamsten kommentierten Editionen des *Laozi* sind wiederum geraume Zeit später entstanden. Dies sind die Editionen des Heshang Gong und des Wang Bi. Wann der Heshang-Gong Kommentar genau entstanden ist, ist unklar, wahrscheinlich irgendwann zwischen dem 3. und 6. Jahrhundert n. Chr.[48] Auch seine Verfasserschaft ist bis heute ungeklärt. Anders verhält es sich mit der *Laozi*-Ausgabe des Wang Bi (226–249 n. Chr.).[49] Wang Bi war einer der wichtigsten Philosophen seiner Zeit und seine Edition des Textes mitsamt dessen philosophischer Ausdeutung hat die weitere Geschichte des *Laozi* bis heute maßgeblich bestimmt. Einerseits wurde seine Fassung des Textes (die in ihrem Original allerdings auch nicht bekannt ist) später zum *textus receptus,* das heißt zur Standardversion des *Laozi,* also zu der Version, die allgemein als „der“ *Laozi* verstanden wurde. Auf ihr basieren auch bis heute die meisten Übersetzungen des *Laozi* ins Deutsche. Andererseits wurde aber auch Wang Bis Verständnis des *Laozi,* wie es in seinen Kommentaren zum Ausdruck kam, äußerst einflussreich für spätere Auslegungen und Interpretationen der Philosophie des *Laozi.* So gesehen stammt also derjenige *Laozi*, auf den sich heute viele „Daoisten" beziehen, eigentlich erst aus dem dritten nachchristlichen Jahrhundert, obwohl der Text in seiner schriftlichen Form – beziehungsweise in seinen schriftlichen Vorformen – um mehr als ein halbes Jahrtausend älter ist und in seinen mündlichen Ursprüngen sogar wahrscheinlich noch einige Jahrhunderte weiter zurück zu datieren ist.

Es ist nun sehr schwer zu sagen, was denn der „eigentliche" *Laozi* ist. Sind die ältesten heute bekannten Funde der „authentische" *Laozi,* oder ist es etwa die viel spätere Fassung des Wang Bi? Ich meine – und dies habe ich im ersten Kapitel ausführlicher darzustellen versucht –, dass es einen „authentischen" *Laozi* gar nicht gibt beziehungsweise dass die Diskussion darum ebenso müßig ist wie die Suche danach. Offenbar ist der *Laozi* über eine sehr lange Zeit hin entstanden und hat sich in dieser Entstehungszeit beträchtlich verändert: Angefangen von den (vermutlichen) Ursprüngen in der mündlichen Überlieferung über die ersten schriftlichen Sammlungen von daoistischen Weisheitssprüchen – wie sie die Guodian-Bambustexte zeigen – bis hin zu späteren schriftlichen Fixierungen eines zusammenhängenden Textes – in der Weise der Mawangdui-Seidentexte – hat sich der Text schon beträchtlich verändert. Aber auch in den folgenden Jahrtausenden, angefangenen von den elaborierten philosophischen Kommentaren des Heshang Gong und Wang Bi über spätere philologische und philosophische Studien bis hin zu heutigen Übersetzungen des Textes in alle möglichen Sprachen und Deutungen wie der vorliegenden, zeigt der *Laozi* immer wieder ein anderes Gesicht. Es ist dabei kaum zu sagen, was der „echte" *Laozi* ist.

Die Guodian-Bambusmanuskripte kann man zwar einerseits als eine „Urform" des *Laozi* betrachten, aber warum sollte es nicht noch wesentlich „urtümlichere", lediglich noch nicht aufgefundene Versionen geben – und warum sollte man überhaupt eine solche „primitive" Fassung des Textes als „echter" ansehen als beispielsweise die zwar viel spätere, aber auch in gewisser Hinsicht viel ausgereiftere Fassung des Wang Bi? Es hat bereits im alten China den Wunsch gegeben, „den“ *Laozi* zu finden, und so kam der Text zu seinem Namen und später zu seinem (wahrscheinlich) legendären Autor. Es scheint aber, als habe der „eigentliche“ *Laozi* weder einen bestimmten Namen noch eine bestimmte Form oder eine bestimmte Zeit. Und damit ist er dann wieder doch recht „authentisch“ daoistisch – denn diese Eigenschaften ohne Eigenschaft teilt er mit dem Dao.

2. Literaturhinweise

Die folgenden Literaturhinweise sind nicht als repräsentativer Einblick in die westliche Literatur zum *Laozi* gedacht, sondern lediglich als eine Kurzinformation (aus persönlicher Sicht) für interessierte Leser.

Einen Überblick über Texte zum *Laozi* gibt: Knut Walf, *Westliche Taoismus-Bibliographie*. Essen: Blaue Eule, 1997.

Bibliografische Notizen zum Daoismus und zum *Laozi* finden sich auch im Anhang zu Günter Wohlfarts Buch über Zhuangzi in dieser Reihe (Freiburg: Herder, 2002) und in meinem Buch *In der Mitte des Kreises. Daoistisches Denken* (Frankfurt/Main: Insel, 2001).

a) Übersetzungen des *Laozi*

Es gibt sehr viele Übersetzungen des *Laozi* in sehr viele Sprachen der Welt und von sehr unterschiedlicher Qualität. Im Folgenden seien einige deutsche und englische genannt. Es ist häufig interessant und immer ratsam, verschiedene Übersetzungen – durchaus auch in verschiedene Sprachen – zu vergleichen. Die Unterschiede sind in der Regel sehr beträchtlich, und angesichts der Schwierigkeit des Textes gibt es keine Übersetzung, die als „die“ Standardübersetzung anerkannt wäre. Oft ist der

Laozi mehr als doppeldeutig, und die Übersetzung hängt dann davon ab, auf welche chinesische Auslegungstradition oder auf welche Textgrundlage sich die jeweiligen Übersetzer stützen. Natürlich spielen auch immer der historische, soziale und persönliche Hintergrund der Übersetzer eine Rolle, ebenso wie das Publikum, an das sich die Übersetzung richtet.

Alle unten genannten Übersetzungen sind aus meiner Sicht vielen auf dem „Esoterik-Markt" angebotenen Produkten deutlich vorzuziehen. Gerade manche aufwändig gestalteten Editionen (etwa: R. L. Wing, München: 1987) kompensieren durch ihre Aufmachung oft fehlende Kompetenz oder zumindest einen fehlenden Bezug zum chinesischen Text – hier wird dann bisweilen so übersetzt, wie man meint, dass es dem „sinnsuchenden" Leser am besten gefällt. Insofern sei beim „*Laozi*-Kauf" zu einer gewissen Vorsicht geraten.

Deutsch:

Viktor von Strauß, *Lao-tse. Tao Te King*. Leipzig: 1870.
Dies ist die älteste deutsche Übersetzung. Sie ist interessant und manchmal, aus heutiger Sicht, kurios.

Richard Wilhelm, *Laotse. Tao te king*. Jena: 1911.
Die „altehrwürdige" Übersetzung Richard Wilhelms wird heute immer noch häufig gelesen. Sie ist solide, aber natürlich nicht auf dem Stand der heutigen Sinologie. Außerdem ist sie von christlichen Tendenzen des Übersetzers geprägt. Wilhelm war protestantischer Missionar in China.

Günter Debon, *Lao-tse, Tao-Te-King*. Stuttgart: 1961.
Die Debonsche Übersetzung ist die vielleicht sprachlich schönste deutsche Fassung des *Laozi*. Sie versteht es, sinologische Fachkenntnis mit literarischem Anspruch zu koppeln.

Ernst Schwarz, *Laudse. Daudedsching*. München: 1980.
Eine solide Übersetzung.

Hans-Georg Möller, *Laotse. Tao Te King*. Frankfurt/Main: 1994.
Meine Übersetzung geht von den Mawangdui-Seidentexten aus.

Englisch:

James Legge, *The Texts of Taoism, the Tao Te ching.* Oxford: 1891.
Eine „klassische" Übersetzung eines schottischen Missionar-Gelehrten.

Arthur Waley, *The Way and its Power*. London: 1934.
Eine literarisch schöne Übersetzung.

Wing-tsit Chan, *The Way of Lao tzu*. Indianapolis und New York: 1963.
Eine fachmännische und „philosophische" Übersetzung.

D.C. Lau, Chinese Classics, *Tao Te Ching*. Hongkong: 1963/1982.
Die neuere Ausgabe enthält auch eine Übersetzung der Mawangdui-Manuskripte des *Laozi*. So kann man beide Versionen gut vergleichen.

Victor H. Mair, *Tao Te Ching. Lao Tzu*. New York: 1990.
Eine „populäre" Übersetzung der *Mawangdui*-Manuskripte des *Laozi* von einem amerikanischen Sinologen.

Robert G. Henricks, *Lao-tzu, Te-tao ching*. New York: 1989.
Eine zugleich wissenschaftlich fundierte und allgemein lesbare Übersetzung der *Mawangdui*-Manuskripte des *Laozi*.

Robert G. Henricks, *Lao Tzu's Tao Te Ching*. New York: 2000.
Eine wissenschaftlich ausgerichtete Übersetzung der Guodian-Manuskripte des *Laozi*.

b) englische Übersetzungen „klassischer" chinesischer Laozi-Ausgaben

Die folgenden Übersetzungen der beiden so einflussreichen *Laozi*-Ausgaben des Heshang Gong und Wang Bi (226–249 n. Chr.) übersetzen *auch* die altchinesischen Kommentare. Beide Texte sind sehr wichtig für einen Einblick in das Verständnis des *Laozi* im alten China. Diese Kommentare haben die Interpretationen und Übersetzungen des *Laozi* bis heute geprägt.

Eduard Erkes, *Ho-shang-kung's Commentary on Lao-tse.* Ascona: 1950.
Eine englische Übersetzung des Heshang Gong-Kommentars von einem deutschen Sinologen.

Ariane Rump und Wing-tsit Chan, *Wang Pi. Commentary on the Lao Tzu.* Honolulu: 1979.
Eine solide englische Übersetzung des Wang Bi-Kommentars.

Paul J. Lin, *A Translation of Lao-tzu's Tao Te Ching and Wang Pi's Commentary.* Ann Arbor: 1977.
Eine frühere englische Übersetzung des Wang Bi-Kommentars.

c) Über Laozi

Max Kaltenmark, *Lao-Tzu und der Taoismus*, Frankfurt/Main: 1996.
Deutsche Fassung einer älteren Studie eines französischen Sinologen.

Florian C. Reiter, *Lao-Tzu zur Einführung.* Hamburg: 1994.
Eine Übersicht über Laozi als Text und Person mit ausführlichen Übersetzungs-Kritiken.

William G. Boltz, „Lao tzu Tao te ching", in: Michael Loewe (Hrsg.), *Early Chinese Texts: A Bibliographical Guide.* Berkeley: 1993, S. 269–292.
Dieser kurze englische Fachtext gibt einen sehr kompakten und kompetenten Überblick über den Stand der sinologischen Forschung zum *Laozi* zu Beginn der neunziger Jahre.

3. Register der chinesischen Begriffe

4. Anmerkungen

[1] Näheres zur Textgeschichte des *Laozi* findet sich im entsprechenden Abschnitt im Anhang.

[2] Zu *Laozi* 40 siehe unten, Kapitel III dieses Buches.

[3] Zu *Laozi* 42 siehe unten, Kapitel III dieses Buches.

[4] Vgl. dazu unten Abschnitt IV über die Zeit.

[5] Eine genauere Analyse von *Laozi* 23 ist unten im Abschnitt VI über die Zeit zu finden. Die Doppelbedeutung daoistischer *Gleichgültigkeit* wird in den Abschnitten V und VIII erklärt.

[6] Vgl. Abschnitt I dieses Buches zur Bildlichkeit der Mutter sowie die Kapitel 1, 20, 52, 59 im *Laozi*.

[7] Vgl. zur Bedeutung der vor-geschlechtlichen Einheit des „Mischmaschs" *(hundun)* im Daoismus und in anderen Philosophien und Kulturen: N.J. Giradot, *Myth and Meaning in Early Taoism*. Berkeley, Los Angeles, London: University of California Press, 1983.

[8] Platon, *Symposion*, 206a (Stephanus-Nummerierung). Zitiert nach der Übersetzung von Friedrich Schleiermacher, Hamburg: Rowohlt, 1957, S. 235.

[9] Ebd., 212b, S. 240.

[10] Vgl. Marcel Granet, *Das chinesische Denken*. Frankfurt/Main: Suhrkamp, 1985, S. 88.

[11] Der chinesische Daoismus-Forscher Chen Guying hat in jüngerer Zeit nachzuweisen versucht, dass Materialien, denen diese Textstelle entstammt, unmittelbar mit dem Daoismus in Verbindung zu bringen sind.

[12] Vgl. Marcel Granet, *Das chinesische Denken*. Frankfurt/Main: Suhrkamp, 1985, S. 89. Vgl. auch die deutsche Übersetzung des *Yijing* von Richard Wilhelm: *I Ging. Das Buch der Wandlungen*. Düsseldorf, Köln: Diederichs, 1981, S. 275–276. Wilhelm übersetzt den Spruch so: „Was einmal das Dunkle *(yin)* und einmal das Lichte (*yang*) hervortreten lässt, das ist der SINN *(dao)*."

[13] Granet unterscheidet sich hier deutlich von R. Wilhelm. Ich bevorzuge eindeutig die Deutung Granets gegenüber derjenigen Wilhelms.

[14] Marcel Granet, *Das chinesische Denken*. Frankfurt/Main: Suhrkamp, 1985, S. 90.

[15] Hier folge ich meiner Deutung des 42. Kapitels in *In der Mitte des Kreises* (Frankfurt/Main: Insel, 2001, S. 157–159) und weiche etwas

von meiner früheren Interpretation in *Laotse. Tao Te King* (Frankfurt/Main: Fischer Taschenbuch, 1995, S. 43) ab.

[16] Übersetzt nach R.T. Ames und H. Rosemont, *The Analects of Confucius. A Philosophical Translation*. New York: Ballantine, 1998, S. 47. Ames und Rosemont weisen in ihren Ausführungen zu *tian* auch noch auf eine im Konfuzianismus sehr wichtige gesellschaftliche Bedeutungskomponente im Zusammenhang mit der Ahnenverehrung hin: *tian* ist hier eine Art *aggregate ancestor* (S. 48), ein „komprimierter Urahn", eine die Welt der Lebenden in sich umfassende Welt der Ahnen.

[17] Dieses Konzept ist in den letzten Jahren und Jahrzehnten in der Evolutionsbiologie – hauptsächlich durch die Werke von Humberto Maturana und Francisco Varela – bekannt gemacht worden und dann von Niklas Luhmann auf die Theorie sozialer Systeme übertragen worden.

[18] Darauf wird unten in Abschnitt VI über die Zeit ausführlicher eingegangen.

[19] Vgl. dazu Günter Wohlfart, der ebenfalls ostasiatische Parallelen zu Nietzsche nahe legt und über Nietzsches „Willen zur Macht" – mit Hinweis auf Nietzsches eigene Aussagen – sagt, dass dieser ein „Wille ‚ohne Willen', ein Wille ohne ein ‚Ich', das will" ist und „keineswegs an ein wollendes ‚Ich', an ein Subjekt als Substratum gebunden ist, sondern eher an den unpersönlichen Begriff ‚Kraft' erinnert". Günter Wohlfart (Hg.), Friedrich Nietzsche, *Die nachgelassenen Fragmente. Eine Auswahl*. Stuttgart: Reclam, 1996, S. 303–304.

[20] Ich folge der etwas freien, aber ganz schönen deutschen Übersetzung der englischen Übersetzung von Lin Yutang in: Lin Yutang (Hg.), *Glück des Verstehens*, Stuttgart: Klett, 1963, S. 373 (übers. v. Liselotte und Wolff Eder). Zur Quelle s. *Huainanzi* in der Edition *Zhuzi jicheng*, Peking: Zhonghua, 1954, S. 310–311.

[21] Ich folge der Übersetzung von Joseph Bernhart, Augustinus, *Bekenntnisse*. Frankfurt/Main: Insel, 1987, S. 615.

[22] Ebd., S. 669.

[23] Ebd.

[24] Ebd., S. 661.

[25] Vgl. zum Unterschied zwischen daoistischer Zeitlichkeit als Bestätigung gültiger Gegenwart und „westlichen", religiös motivierten Relativierungen des Gegenwärtigen auch meine Kritik an Martin Bubers (Fehl-)Deutung des Gleichnisses vom Schmetterlingstraum im

Zhuangzi, in: *In der Mitte des Kreises. Daoistisches Denken.* Frankfurt/Main: Insel, 2001, S. 51–65.

[26] In der Fassung der Mawangdui-Seidenmanuskripte lautet dieser Satz in konfuzianischer Manier: „Wer stirbt und nicht vergessen wird, der hat ein langes Leben." Das Zeichen für „vergessen" ähnelt graphisch dem für „vergehen". Vgl. dazu meinen Kommentar zum 33. Kapitel in *Laotse. Tao Te King. Nach den Seidentexten von Mawangdui.* Frankfurt: Fischer Taschenbuch, 1995, S. 225–226.

[27] Die Mehrheit der chinesischen und westlichen Kommentatoren und Übersetzer versteht dieses Kapitel als eine generelle Kritik an der Institution der Todesstrafe überhaupt. Vor dem Hintergrund der Mawangdui-Seidentexte (vgl. dazu meinen Kommentar zum 74. Kapitel in *Laotse. Tao Te King. Nach den Seidentexten von Mawangdui.* Frankfurt: Fischer Taschenbuch, 1995, S. 131–132) und dem Kontext der hier genannten anderen *Laozi*-Kapitel – die alle eine Furcht vor (frühem) Tod und eine Achtsamkeit auf das Leben anmahnen und nicht etwa die Todesstrafe angesichts einer angeblichen „Todesverachtung" daoistisch gesinnter Menschen für nutzlos erachten – halte ich den Text jedoch aus philologischen und philosophischen Gründen (mit einer Minderheit chinesischer Kommentatoren) nicht für eine Kritik an der Institution der Todesstrafe, sondern nur für eine Kritik an deren (willkürlicher) Vollstreckung (in Hinsicht auf diesen Aspekt stimmen praktisch alle Kommentatoren und Übersetzer überein). Eine solche Lesart widerspricht, wie ich (anders als z. B. Huang Zhao in *Boshu Laozi jiaozhu xi*, Taibei: 1991, S. 399) meine, keinesfalls der paradoxen daoistischen Maxime „handeln, ohne zu handeln", sondern entspricht ihr vielmehr gerade.

[28] Friedrich Nietzsche, *Götzen-Dämmerung*, „Die vier grossen Irrthümer", in *Sämtliche Werke: Kritische Studienausgabe*, hrsg. von Giorgio Colli und Mazzino Montinari, Bd. 6, München: DTV, 1980, S. 95–96. Nietzsches Diktum vom Christentum als der „Metaphysik des Henkers" wird von dem Gegenwartsphilosophen Peter Sloterdijk bestätigt. Gleich Nietzsche beschreibt Sloterdijk, wenn auch in einem anderen Ton, den Zusammenhang zwischen der christlichen Willensfreiheit und der „Schuldwerdung" des Menschen. Er bemerkt: „Die Überbeschuldigung des Menschen, die sich im Begriff der Erbsünde kondensiert, ist ein Ausfluss der zunehmenden Beanspruchung von Freiheitsargumenten für die Motivierung des Bösen in der gottgeschaffenen Gesamtwirklichkeit." Peter Sloterdijk, *Nicht gerettet. Versuche nach Heidegger*. Frankfurt/Main: Suhrkamp, 2001, S. 92.

[29] S. voranstehende Fußnote.

[30] Die zentrale Rolle der individuallen Person in der westlichen Todesstrafenphilosophie kommt besonders deutlich bei Immanuel Kant zum Ausdruck. So muss, in Kants Worten, ein Verbrechen der „inneren Bösartigkeit" der „angeborenen Persönlichkeit" des Täters zugeschrieben werden. Kant sieht hierin den Kern der Gerechtigkeit, die er weiterhin, gleichfalls treffend, in ihrer strafrechtlichen Dimension als *Wiedervergeltungsrecht* bezeichnet. (Immanuel Kant, *Die Metaphysik der Sitten*, „Vom Straf und Begnadigungsrecht", zitiert nach der Edition von Hans Ebeling, Stuttgart: Reclam, 1990, S. 191–199.)

Vor diesem Hintergrund mokiert sich Kant über eine primitive, vorchristliche Todesstrafenphilosophie, die statt auf Wiedervergeltungsrecht vielmehr (nach Art des *Laozi*) auf Abschreckung gegründet ist. Er nennt die Abschreckungsmaxime „Es ist besser, dass ein Mensch sterbe, als dass das ganze Volk verderbe" einen „pharisäischen Wahlspruch" und meint, dass mit diesem „die Gerechtigkeit untergeht" (ebd., S. 192–193) – wobei ein solcher Untergang sicher weder Nietzscheaner noch Daoisten schmerzen würde. Die Todesstrafe trägt der inneren Bösartigkeit des Täters Rechnung und muss aus Prinzip vollzogen werden. Sie ist nicht praktisch oder natürlich zu begründen, sondern allein aus Vernunft – sie ist gerecht, und dieses Recht verlangt blinden Gehorsam. Kant gibt dafür ein schönes Beispiel: Selbst wenn eine Gesellschaft auseinander bräche, wenn beispielsweise eine auf einer Insel lebende Gemeinschaft sich auflöste und in alle Welt zerstreute, „müsste der letzte im Gefängnis befindliche Mörder hingerichtet werden, damit jedermann das widerfahre, was seine Taten wert sind" (Ebd., S. 194). Vergeltung und Rache machen die Gerechtigkeit aus, und diese muss aus Prinzipien vollzogen werden. Praktische oder „natürliche" Überlegungen sind in Bezug auf die Vollstreckung des Todesurteils ohne jeglichen Belang. Auch wenn es niemandem mehr nützt, muss der Henker der Kantischen Metaphysik zu Liebe henken.

Die nicht-daoistische Kantische Henkersmetaphysik ist nach wie vor in der westlichen Hemisphäre von großem Einfluss – in den USA wurden in den letzten Jahren hunderte von Menschen metaphysisch gehenkt, das heißt unter ausdrücklichem Verweis auf die Gerechtigkeit und das Wiedervergeltungsrecht der Opfer und des Staates sowie auf auf die „innere Bösartigkeit" der Täter. In den USA wird Kantianisch hingerichtet, denn es ist dieselbe Semantik der Rache, der Vergeltung und der Zuschreibung des Attributs „böse", die dort die Todesstrafe begründet. (Und dies gilt in den USA nicht nur für die

Todesstrafe im inneren, sondern auch bisweilen für die Vollstreckung der Todesstrafe in Form militärischer Aggression nach außen.) Im *Laozi* wird die Todesstrafe zwar auch ausdrücklich bejaht – aber nur, um nicht angewendet werden zu müssen. So wie es vom „Besten der Herrscher“ heißt, dass die Untertanen nur wissen, „dass es ihn gibt“ (*Laozi* 17), so wird auch die beste Form der Todesstrafe eine solche sein, von der die Untertanen stets wissen, dass es sie gibt, die aber gerade deswegen niemals aktiv wird. Dementsprechend haftet der Todesstrafe im *Laozi* nichts Persönliches an. Ohne jede Gefühle muss der Herrscher über die Todesstrafe verfügen, an sie ist weder Rache noch Milde und daher auch keine *Gerechtigkeit* im engeren Sinne geknüpft. Die Todesstrafe ist vielmehr als eine Art mechanisches Ordnungsmoment im sozialen Organismus gedacht. Sie operiert nicht auf der Basis der Zuschreibung individueller Schuld oder Vergeltung, sie ist handlungs- und funktionsorientiert und nicht „humanistisch“. Zur amerikanischen Todestrafenphilosophie s. die Beiträge „Person and Punishment“ (S. 67–82) von Herbert Morris, „The Morality of Anger“ (S. 85–93) von Walter Berns und „Refuting Reiman and Nathanson“ (S. 141–151) von Ernest van den Haag in: Robert M. Baird und Stuart E. Rosenbaum (Hrsg.), *Philosophy of Punishment*, Buffalo: Prometheus Books, 1988. Vgl. dazu auch meinen Text „Metaphysics of the Hangmen. Death Penalty Philosophy East and West“ in: Günter Wohlfart und Hans-Georg Möller (Hrsg.), *Philosophie des Todes. Ost und West.* Köln: Edition Chora (erscheint 2003).

[31] Friedrich Nietzsche, *Götzen-Dämmerung*, „Die vier grossen Irrthümer“, in *Sämtliche Werke: Kritische Studienausgabe*, hrsg. von Giorgio Colli und Mazzino Montinari, Bd. 6, München: dtv, 1980, S. 95–96. Ich beziehe mich im Folgenden auf diesen Text.

[32] Der Begriff entstammt der Evolutionsbiologie und ist von Niklas Luhmann in eine allgemeine Gesellschaftstheorie übernommen worden.

[33] Dieser Begriff, der in der Systemtheorie eine wichtige Rolle spielt, findet sich schon bei Friedrich Nietzsche, s. Nachlassfragment 11 (7) in Bd. 9 der *Kritischen Studienausgabe* (KSA), hrsg. Von Giorgio Colli und Mazzino Montinari, München: dtv, 1999, S. 443.

[34] Diese Parabel beschließt das siebte und letzte der „inneren Kapitel“ des *Zhuangzi*. Vgl. *Zhuangzi yinde,* Peking: 1946. 21/7/33–35.

[35] Peter Sloterdijk. *Nicht gerettet. Versuche nach Heidegger*. Frankfurt/Main: Suhrkamp, 2001, S. 306–307.

[36] Ebd., S. 307.

[37] Niklas Luhmann, *Die Gesellschaft der Gesellschaft*, Frankfurt/Main: Suhrkamp, 1997, S. 24–25.

[38] Nachlassfragment 38 (12) (1885) KSA 11: 611.

[39] Sloterdijk bezieht diesen Begriff auf Niklas Luhmanns Denken, s. „Luhmann, Anwalt des Teufels", in Peter Sloterdijk, *Nicht gerettet. Versuche nach Heidegger*. Frankfurt/Main: Suhrkamp, 2001, S. 82–141.

[40] Vgl. dazu meinen Aufsatz „Moral und Pathologie. Niklas Luhmann, die Massenmedien und der Daoismus". In: Günter Wohlfart und Rolf Elberfeld (Hrsg.), *Komparative Ethik*. Köln: Edition Chora, 2002, S. 303-318.

[41] Niklas Luhmann, *Die Realität der Massenmedien*. Opladen: Westdeutscher Verlag, 1996 (2., erweiterte Auflage), S. 143.

[42] Siehe dazu die englische Übersetzung: William H. Nienhauser (Hrsg.), *The Grand Scribe's Records*, Bd. 7. Bloomington, Indianapolis: University of Indiana Press, 1994, S. 21–23.

[43] Gu Jiegang, „*Cong Lüshi-chunqiu tuize Laozi zhi chengshu niandai*" (Zur Datierung des *Laozi* mit Hilfe des *Lüshi-chunqiu*), in: *Shixue nianbao*, 1.4 (1932), S. 13–46.

[44] D. C. Lau. *Chinese Classics. Tao Te Ching*. Hongkong: Chinese University Press, 1963.

[45] Vgl. meinen Aufsatz „Verschiedene Versionen des *Laozi*. Ein Vergleich mit besonderer Berücksichtigung des 19. Kapitels", In *Monumenta Serica* 47 (1999), S. 285–302.

[46] Vgl. dazu die englische Ausgabe der Guodian-Bambustexte des *Laozi* von Robert G. Henricks: *Lao Tzu's Tao Te Ching. A Translation of the Startling New Documents Found at Guodian*. New York: Columbia University Press, 2000.

[47] Vgl. dazu meine deutsche Ausgabe der Mawangdui-Seidenmanuskripte: *Laotse. Tao Te King. Nach den Seidentexten von Mawangdui*. Frankfurt/Main: Fischer Taschenbuch, 1994.

[48] Zur Übersetzung dieses Textes siehe: Literaturhinweise.

[49] Zur Übersetzung dieses Textes siehe: Literaturhinweise.